Andrea Göhring und Jutta Schneider-Rapp

Bauernhoftiere bewegen Kinder

Gedruckt auf
100% Recyclingpapier

Andrea Göhring und Jutta Schneider-Rapp

Bauernhoftiere bewegen Kinder

Tiergestützte Therapie und Pädagogik mit Schaf, Kuh und Co. – ganz praktisch

pala verlag

Danke

Dieses Buch basiert auf unserem erlernten und aus vielen Quellen zusammengetragenen Wissen und vor allem auf unseren langjährigen, praktischen Erfahrungen! Aber es ist kein wissenschaftliches Werk. Wir danken allen Kindern und Eltern, deren Geschichten und Bilder wir hier veröffentlichen dürfen, und natürlich unseren Co-Therapeuten. Ohne sie wäre dieses Buch nicht möglich gewesen.

Inhalt

LOOK
AT

Liebe Leserin, lieber Leser

Ganze Weltalter voll Liebe werden notwendig sein,
um den Tieren ihre Dienste und Verdienste an uns zu vergelten.

CHRISTIAN MORGENSTERN

Vermutlich haben Sie schon einmal etwas über Delfintherapie im fernen Florida gelesen oder vom Therapeutischen Reiten gehört. Aber kaum jemand kennt die Tiergestützte Therapie und Pädagogik mit Schaf, Schwein und Huhn. Unser Buch soll dazu beitragen, das zu andern. Schließlich hat die bunte Bauernhoftierschar gerade für Kinder mit Handicap so viel zu bieten.

Einmal selbst Eier auszubrüten, mit einem echten Esel die Weihnachtsgeschichte einzustudieren oder gemeinsam mit Ziegen über Strohballen zu klettern, sind unvergessliche Erlebnisse. Aber auch die alltäglichen Arbeiten wie Stallsäubern und Fellpflege fördern die Kinder auf vielfältige Weise und machen sie stolz. Bauernhoftiere bewegen Kinder (und auch Erwachsene) – das ist unsere gemeinsame Überzeugung. Ansonsten hat jede von uns noch ihre eigenen Motive, warum sie dieses Buch schreiben »musste«.

Andrea: die Herzblutbäuerin, Tiertrainerin und erfahrene Fachkraft für Tiergestützte Therapie und Pädagogik

Wenn mein Mann und ich gefragt werden, was für einen Bauernhof wir bewirtschaften, so erklären wir, dass wir »keinen Bauernhof bewirtschaften«, sondern »einen Bauernhof leben« – und das aus ganzem Herzen. Schon immer spielten Bauernhoftiere dabei eine große Rolle. Der Alltag mit ihnen, von der Geburt bis hin zum Abschiednehmen, hat uns positiv geprägt und zu einem respektvollen und liebevollen Umgang mit unseren Bauernhoftieren beigetragen. Kuh, Schwein, Schaf und Ziege haben besondere Talente, mit denen wir uns identifizieren können und die uns Freude schenken. Immer wieder sind wir aufs Neue überrascht, wie sich Mensch-Tier-Kontakte gestalten, spontan, einfühlsam, freudig, treuherzig …

Diese Nähe zu den Tieren war ein Grund, mich 2010 in die Ausbildung zur Fachkraft für Tiergestützte Therapie und Pädagogik zu wagen – als Exotin allein unter Hundebesitzern und Pferdefreunden. Und Motivation genug, sie auch abzuschließen.

Ein anderes Motiv war die Einsicht, dass die üblichen kurzen Besuche von Schulklassen auf unserem Hof mir nicht mehr genügten. Sie sind gut, um einmal Landwirtschaftsluft zu schnuppern und einen kurzen Einblick in unsere Ökolandwirtschaft zu bekommen. Aber die Zeit reicht weder für individuelle Erlebnisse noch für persönliche Fortschritte.

Wer Kinder wirklich weiterbringen will, muss sie länger und gezielter begleiten. Unsere Tiergestützte Therapie und Pädagogik auf dem Bauernhof fängt mit viel Vorbereitung an und hört mit viel Nachbereitung auf. Jeder Besuch wird dokumentiert, mit Fachleuten diskutiert und je nach Bedarf geändert. Dies ist auch der Unterschied zur Bauernhofpädagogik. Durch die angeleiteten, geplanten, regelmäßig stattfindenden Tier-Begegnungen entstehen echte Beziehungen zwischen Kindern und Tieren. Unser Hof ist kein Streichelzoo, sondern eine Mensch-Tier-Begegnungsstätte und Lebensschule, von der alle profitieren. Entscheidend ist für mich, dass es Kindern und Tieren bei uns gut geht.

Jutta: die Journalistin, Agraringenieurin und Tierfreundin

Als ich das erste Mal für eine Reportage über Tiergestützte Therapie und Pädagogik auf den Bauernhof der Familie Göhring kam, war ich sofort begeistert. Zu erleben, wie sich immobile Kinder aus dem Rollstuhl hieven, um einen Esel zu streicheln, andere mühsam Halm für Halm frisches Stroh für einen sauberen Ziegenstall zusammenklauben oder Kinder mit Schwerstmehrfachbehinderung beim Schaf ein paar glückliche Momente finden, hat mich schwer beeindruckt. Wenn die Kinder ausmisten, Schweine füttern oder Esel striegeln, merken sie gar nicht, wie viel sie sich bewegen, wie sie Verantwortung übernehmen und dadurch an Selbstbewusstsein gewinnen. Solch eine Förderung, die Kindern hilft und Tieren nützt, scheint mir eine geniale Idee zu sein.

Mit vielen Pferden und Kleintieren groß geworden, war ich zu Beginn meines Landwirtschaftsstudiums schlicht geschockt, wie die meisten unserer Nutztiere dahinvegetieren (müssen). Umso glücklicher machen mich Orte, die zeigen, dass Bauernhoftiere genau wie Hund und Katz eigene Persönlichkeiten sind und Jung und Alt vorwärtsbringen.

All das hat mich motiviert, es nicht bei einzelnen Zeitungsartikeln zu belassen, sondern gemeinsam mit Andrea ihre gesammelten Erfahrungen in einem Buch zu Papier zu bringen. Außerdem haben wir 2019 den Förderverein »Bauernhoftiere bewegen Menschen e. V.« gegründet, um möglichst vielen Klienten die Förderung zu günstigen Konditionen anbieten zu können: www.bauernhoftiere-bewegen-menschen.de.

Last but not least möchten wir mit Vorurteilen gegenüber unseren Bauernhoftieren aufräumen und um mehr Verständnis für unsere tierischen Partner bitten. Wer das Buch liest oder einfach nur die Bilder anschaut, kann sehen, dass Hühner nicht dumm, Schweine nicht dreckig und Schafe wirklich sozial intelligente Wesen sind.

Wir hoffen, dass unsere Begeisterung in Wort und Bild rüberkommt und die fachlichen, praktischen Informationen Sie weiterbringen. Denn Nachahmer sind mehr als erwünscht.

Unser Dank gilt dem Verlag, der ein solch spezielles Fachbuch herausgibt, unseren Familien, die uns Hunderte von Stunden freigestellt haben, und natürlich den Bauernhoftieren. Den Tieren, den Kindern und uns wünschen wir viele Leser und Ihnen viel Freude und Erkenntnisse beim Lesen.

Tiergestützte Therapie und Pädagogik

Der junge Mensch braucht seinesgleichen – nämlich Tiere, überhaupt Elementares: Wasser, Dreck, Gebüsche, Spielraum. Man kann ihn auch ohne dies alles aufwachsen lassen, mit Stofftieren, Teppichen, auf asphaltierten Straßen und Höfen. Er überlebt es, doch man soll sich dann nicht wundern, wenn er später bestimmte soziale Grundleistungen nicht lernt.

ALEXANDER MITSCHERLICH (1965)

Was ist es und was bringt es?

Gut arbeiten trotz Begriffswirrwarr

Ein bisschen Theorie muss sein, auch wenn wir dieses Buch aus praktischer Sicht schreiben. Leider ist es nicht leicht, die tierpädagogische und tiertherapeutische Begriffsvielfalt auf den Punkt zu bringen. Überall begegnen uns die unterschiedlichsten Bezeichnungen, die alle auch noch ähnlich klingen: Tiergestützte Therapie, Therapie mit Tieren, Tiergestützt therapieren, Tiere als Therapeuten, Tiertherapie, Tiergestützte Pädagogik, Tiergestützte Förderung, Tiergestützte Interaktion, Tiergestützte Aktivität, Tiergestützte Sonderpädagogik und viele mehr …

Seit vielen Jahren bemühen sich die Experten, Ordnung in den tierischen Begriffsdschungel zu bringen oder zumindest die einzelnen Disziplinen klar voneinander abzugrenzen. Ausgehend von der aktuellen Definition der International Association of Human-Animal Interaction Organizations (IAHAIO) (Quelle siehe Seite 204) gibt es vier unterschiedliche tiergestützte Arbeitsfelder, die alle unter dem Begriff »Tiergestützte Intervention« (TGI) zusammengefasst werden:

- **Tiergestützte Therapie** ist eine zielgerichtete, geplante und strukturierte therapeutische Intervention, die professionell im Gesundheitswesen, in der Pädagogik oder in der Sozialen Arbeit ausgebildete Personen anleiten oder durchführen. Fortschritte der Intervention werden gemessen und dokumentiert.
- **Tiergestütztes Coaching** ist eine zielgerichtete, geplante und strukturierte tiergestützte Intervention, die eine ausgebildete Coaching-Fachperson durchführt

und/oder anleitet. Die Fortschritte der Interventionen werden gemessen und professionell dokumentiert.

* **Tiergestützte Pädagogik** (oder Tiergestützte Erziehung) ist eine zielgerichtete, geplante und strukturierte Intervention, die Pädagogen oder gleich qualifizierte Personen anleiten und/oder durchführen.
* **Tiergestützte Aktivitäten** sind geplante und zielorientierte informelle Interaktionen/Besuche, die Mensch-Tier-Teams mit erzieherischen/bildenden oder entspannungs- und erholungsfördernden Zielsetzungen durchführen.

Der Begriff »Intervention« ist jedoch seit der Verwendung in vielen Kriegen und Krisen umstritten, bzw. hat einen negativen Beiklang. Daher hat die IAHAIO die internationalen Begrifflichkeiten für tiergestützte Interventionen 2025 neu gefasst und strukturiert. Allerdings bestehen weiterhin fachliche Diskussionen. Im Klartext: Es gibt noch keine offizielle, einheitliche Übersetzung der neuen Terminologie ins Deutsche. Deshalb verwenden wir weiterhin die eingeführten bisherigen Definitionen.

TGI – Tiergestützte Intervention – heißt unser Tun (noch)

Ohnehin erschweren die vielen Begrifflichkeiten in der Praxis die Anerkennung eines etablierten Berufsfeldes mit entsprechender Honorierung. Entsprechend kritisieren Rainer Wohlfarth vom Freiburger Institut für Tiergestützte Therapie und Helga Widder, TAT-(Tiere als Therapie)-Geschäftsführerin, »dass gerade die Vielfalt der Begrifflichkeiten die Festlegung von einheitlichen Qualitätsstandards behindert, die Qualität der Fort- und Weiterbildungen einschränkt und somit eine berufs- und sozialrechtliche Anerkennung der Therapie verhindert« (Quelle: Wohlfarth R. & H. Widder: Working Paper zur Diskussion: Tiergestützte Therapie – Eine Definition, siehe Seite 204).

Da es bislang noch keine einheitliche, verbindliche Definition für alle Formen des tiergestützten Arbeitens gibt, verwenden wir in unserem Buch den Begriff »Tiergestützte Intervention« (TGI) und die Definition des Österreichischen Kuratoriums für Landtechnik und Landentwicklung (ÖKL):

»Tiergestützte Interventionen (TGI) umfassen fachlich geplante pädagogische, psychologische und sozialintegrative Angebote mit speziell dafür ausgebildeten und artgerecht gehaltenen Tieren für Menschen jeden Alters. […] Die TGI-Einheiten werden von Personen geplant, durchgeführt und evaluiert, die eine therapeutische, pädagogische oder soziale Grundausbildung sowie eine tiergestützte Aus- und Weiterbildung absolviert haben.«

Wer so wie wir keine therapeutische oder pädagogische Grundausbildung hat, muss immer mit einem Therapeuten oder einem Pädagogen zusammenarbeiten (siehe Sei-

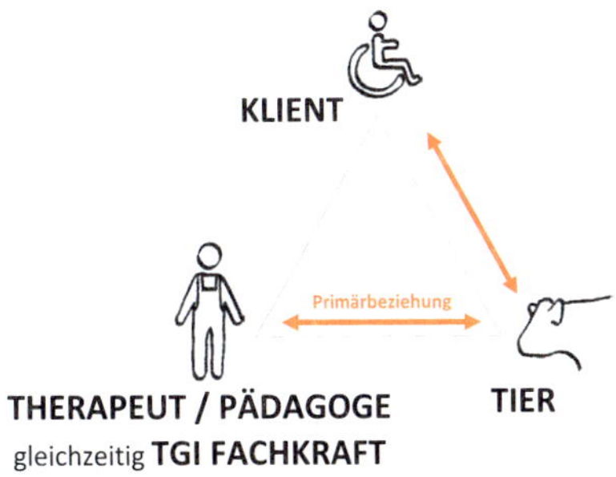

Die tiergestützte Arbeit basiert auf dem Beziehungsdreieck »Klient-Tier-Fachkraft«.

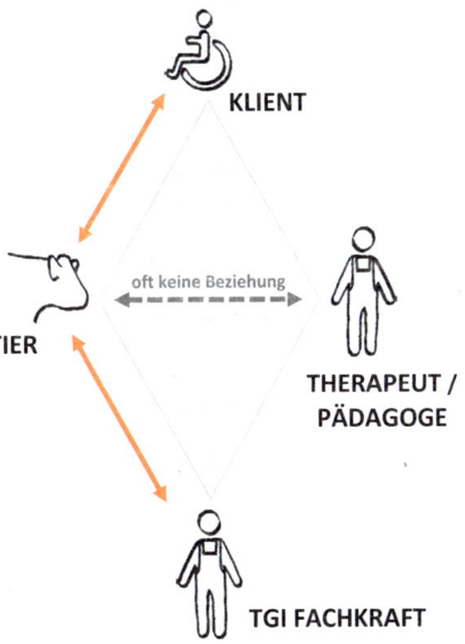

Da wir gemeinsam mit Therapeuten oder Pädagogen agieren, erweitern wir das Beziehungsdreieck bei uns zum »Diamanten«.

te 105). Die European Society for Animal Assisted Therapy (ESAAT) (Quelle siehe Seite 204) spricht davon, dass tiergestützte Interventionen auch von einer Fachkraft für tiergestützte Interventionen ohne entsprechende Grundprofession durchgeführt werden können, wenn eine fachkompetente Einbindung gewährleistet ist. Das gelingt je nach Einsatzfeld mit der Beteiligung von Ergotherapeuten, Physiotherapeuten, Psychologen, (Sozial-)Pädagogen u. a. m. Die angeleitete Interaktion auf unserem Bauernhof führen wir also als Fachkraft für Tiergestützte Therapie gemeinsam mit Therapeuten oder Pädagogen durch. Dazu gehört es auch, unsere Arbeit zu dokumentieren und anschließend zu reflektieren.

Zusätzlich binden wir im Interesse unserer Klienten auch deren soziales Umfeld und andere involvierte Fachkräfte mit ein. In unserem Fall tauschen wir uns vor allem mit Eltern und Betreuern aus

Dabei wenden wir die Tiergestützte Intervention auf unserem Bauernhof sehr breit an: Unsere Klienten können physische, psychische, sozial-emotionale und kognitive Einschränkungen und Verhaltensauffälligkeiten zeigen. Zur TGI zählen aber auch präventive und rehabilitative Maßnahmen. Die TGI kann dabei im Einzel- oder Gruppensetting stattfinden. Bei uns kommen je nach ihrem Handicap meist zwei bis drei Kinder mit ihren Betreuern drei Stunden lang auf den Hof. Bei Kindern mit emotionalen Störungen bevorzugen wir Einzelstunden.

Unsere Ziele in Kürze

Insgesamt geht es darum, dass die Menschen im Alltag ihren Fähigkeiten entsprechend besser agieren, reagieren und partizipieren können. Die spezifischen Ziele der TGI orientieren sich an den Bedürfnissen, den Ressourcen und den Stärken des jeweiligen Klienten. Die TGI bietet ein weites Feld an Zielen und Möglichkeiten. Mag oder kann sich ein Kind nicht bewegen, kommt es vielleicht beim Hindernislauf mit dem Schwein in Schwung. Hektiker beruhigen sich, um ein Huhn auf dem Arm zu halten. Bei Kindern mit Schwerstmehrfachbehinderung möchten wir beispielsweise Spastiken vorübergehend lösen und Momente des Glücks schaffen.

Doch in der TGI ist nichts pauschal. Letztendlich hängen Ziele und Methoden der Einheiten von den einzelnen Klienten ab. Die Kinder entwickeln oft Vorlieben für bestimmte Tiere oder Tierarten, mit denen wir dann intensiver arbeiten. Da wir mit Lebewesen zu tun haben, entscheidet auch ihre Tagesform über den Ablauf der TGI.

Die Wirkung des Bauernhofumfeldes

Auf dem Hof lässt sich fast alles lernen

Zumindest in Umfragen lieben die Menschen hierzulande die Natur. Nach der Naturbewusstseinsstudie vom Bundesamt für Naturschutz (siehe Seite 205) verbinden Erwachsene mit überwältigender Mehrheit die Natur mit positiven Emotionen wie Beruhigung, Freiheit und Dankbarkeit. Seit der Coronakrise ist sowohl für Erwachsene als auch für Jugendliche die persönliche Bedeutung von Natur gestiegen.

Laut der Studie »Kindheit, Medien, Internet« vom Medienpädagogischen Forschungsverbund Südwest steht bei Sechs- bis Dreizehnjährigen das Spielen im Freien – nach dem Treffen von Freunden – noch relativ weit oben auf der Liste der beliebtesten Freizeitaktivitäten. Doch digitale Geräte und soziale Netzwerke prägen den Alltag von Kindern und Jugendlichen immer mehr. Die Studie des Branchenverbands

Immer und überall dabei: von der Getreidesaat …

Bitkom »Eltern in der digitalen Welt« von 2025 (siehe Seite 205) hat ermittelt, dass Kinder mit durchschnittlich sieben Jahren beginnen, digitale Geräte zu nutzen, etwa Fernseher, Computer oder Tablets. Im Durchschnittsalter von neun Jahren besitzen sie bereits ein eigenes Handy.

Die echte Welt erleben auf dem Bauernhof

Natürlich können wir diesen Trend nicht aufhalten. Aber gerade der Bauernhof kann den Kindern ein Gegenmodell zur virtuellen Welt bieten. Bei der Tiergestützten Intervention auf dem Bauernhof machen die Kinder eigene unmittelbare Erfahrungen mit Natur und Tieren. Außerdem lernen sie die bäuerlichen Abläufe und Kreisläufe kennen. Wo sonst gibt es auf engem Raum so viel zu sehen, riechen, fühlen, schmecken und erleben als auf einem vielseitigen Bauernhof? Die Kinder werden dort

… bis zur Kartoffelernte

Wer selbst erntet, lernt Äpfel mehr zu schätzen und kann dabei verschiedene Sorten schmecken.

nicht beschäftigt, sondern helfen mit bei essentiellen Dingen wie dem Ernten von Kartoffeln oder Äpfeln und dem Versorgen der Tiere.

Die vielfältigen Eindrücke, Sinneserlebnisse und sinnstiftenden Beschäftigungsmöglichkeiten am Hof machen den wesentlichen Unterschied zu anderen Therapieformen aus. Die Kinder profitieren längst nicht nur von den Bauernhoftieren. Das gesamte Umfeld wirkt sich positiv und nachhaltig auf ihre Entwicklung aus.

Dabei steht das kindgemäße Learning by doing im Vordergrund. Die Kinder erfahren beispielsweise, woher das Futter für die Tiere stammt, wie Kot und Urin der Tiere die Felder düngen, wie wir mit Krankheit und Tod eines Tieres umgehen und vieles mehr. Jede Tiergestützte Intervention fördert Selbst-, Sozial- und Methodenkompetenzen, vermittelt aber auch Sachkenntnisse.

Die Kinder entwickeln Gefühle für die Tiere und machen unermüdlich eigene Erfahrungen. Auf dem Bauernhof lassen sich Emotionen und eigenes Tun auf einzigartige Weise mit Wissen verknüpfen. Die vielen körperlichen Aktivitäten in Stall und Scheune sowie auf Feldern und Weiden bieten unzählige motorische Fördermöglichkeiten. Das beginnt beim Laufen auf unterschiedlichen Untergründen und endet bei Fingerfertigkeiten wie Wolle kämmen oder Melken. Auf dem Hof lässt sich der Bewegungsdrang ungeniert ausleben. Egal, ob die Kinder langsam an Krücken gehen oder sich übertrieben viel bewegen – dort geht alles und keiner lacht oder mokiert sich. Schon gar nicht die Tiere, die alle Menschen annehmen, die es gut mit ihnen meinen. Und das Schönste daran: Alles Lernen auf dem Hof geschieht, ohne dass die Kinder es als pädagogische oder therapeutische Maßnahme empfinden.

In der Erde wühlen und Stroh fühlen – sinnliche Erlebnisse haben Sinn.

Wie schaffe ich es nur, den Hügel hinauf zu den Tieren zu kommen?

Bauernhoftiere als Co-Pädagogen und Co-Therapeuten

Mit allen Kreaturen bin ich
in schönster Seelenharmonie.
Wir sind verwandt, ich fühle es innig,
und eben darum liebe ich sie.

WILHELM BUSCH

Herzstück jeder tiergestützten Arbeit sind die Tiere. Da wir einen Bauernhof haben, stehen bei uns die klassischen Bauernhoftiere im Mittelpunkt. Das sind Schwein, Kuh, Schaf, Ziege und Huhn. Während andere Tierarten wie Pferd, Hund, Katze und Kaninchen schon vielfach im sozialen Einsatz sind und es darüber auch sehr viel Literatur gibt, werden die typischen Bauernhoftiere häufig in ihren Fähigkeiten und in ihrem Potenzial für die tiergestützte Arbeit verkannt. Gerade deshalb ist es uns eine Herzensangelegenheit, in diesem Buch die pädagogischen und therapeutischen Fähigkeiten dieser klassischen Bauernhoftiere herauszuarbeiten und in den Vordergrund zu stellen. Als eher ausgefallenes Bauernhoftier stellen wir noch den Esel vor.

Alle unsere Tiere sind ausschließlich in der Tiergestützten Intervention beschäftigt und sind keine Nutztiere. Beispielsweise wird die Kuh nur selten – beim Einsatz mit Kindern – gemolken. Ansonsten gehört die Milch ihrem Kalb.

Eine »Zweiklassentiergesellschaft« auf dem Hof, beispielsweise Mastschweine als Schlachttiere und Minischweine als Co-Therapeuten, können wir uns nicht vorstellen. Unsere Tiere bleiben bis zu ihrem Lebensende auf dem Hof. Unser Nachwuchs kommt auf anderen pädagogisch oder therapeutisch arbeitenden Höfen unter.

Jede Bauernhoftierart hat ihre besonderen sozialen Stärken und natürlich auch Ansprüche an die artgerechte Haltung, das zeigen wir in diesem Kapitel. Wer (noch) keine Tiere hat, lernt sie hier besser kennen und findet vielleicht seinen künftigen Partner. Wer bereits Tiere hat, kann ihre pädagogischen und therapeutischen Potenziale neu entdecken. Beim einzelnen Tier entscheiden Gesundheit, Geschlecht und vor allem der Charakter, ob es als Co-Therapeut Karriere machen kann.

Co-Therapeut (Mini-)Schwein

Schweine sind etwas ganz Besonderes

Von wegen »Drecksau«

In jedem Ding ist Schönheit verborgen –
aber nicht jeder vermag sie zu sehen.

ALTE JÜDISCHE WEISHEIT

»Dumme Sau«, »feige Sau«, »fette Sau« oder »Drecksau« – Schweine haben in unserer Gesellschaft einen denkbar schlechten Ruf. Um die wahren Qualitäten der (Mini-) Schweine für die pädagogische und therapeutische Arbeit zu erkennen, müssen wir uns zunächst mit der Herkunft und dem Wesen der Borstentiere befassen.

Abstammung und Geschichte
Im Minischwein steckt viel Wildschwein

Der Vorfahr unserer Hausschweine und auch der Minischweine ist das Wildschwein, das in den europäischen Wäldern lebt. Dieses Tier ist bis heute ein Beutetier für andere und mit den entsprechenden Instinkten ausgestattet. Daher lassen sich Schweine – anders als andere Bauernhoftiere – nicht gerne umarmen, liebkosen, festhalten oder hochheben. Schließlich war jedes Wildschwein, »das sich nicht heftig gegen die »Umarmung« eines Wolfes wehrte und mit lautem Schreien seine Artgenossen um Hilfe rief, dem sicheren Tod geweiht«, schreibt Elke Striowsky in ihrem Buch über Minischweine (Quelle: E. Striowsky: Minischweine, siehe Seite 204). Wer mit (Mini-) Schweinen tiergestützt arbeiten will, muss dieses natürliche Misstrauen, diese Urangst, mit viel Geduld, Liebe und Zuwendung überwinden.

Erste Hinweise auf die Domestikation des Wildschweins sind etwa 10 000 Jahre alt und stammen aus der heutigen Osttürkei. Auch hierzulande erkannten die Menschen früh, dass sich diese Tiere leicht halten lassen, und fingen an, Wildschweine gezielt als Lieferanten für Fleisch und andere Rohstoffe zu nutzen.

Die ersten kleinwüchsigen Schweine kamen in den 1950er-Jahren zu uns: Die asiatischen Hängebauchschweine machten in europäischen Tierparks Karriere. Seit den Sechzigern haben Wissenschaftler der Universität Göttingen diese Art mit anderen kleinwüchsigen, robusten und auch wilden Schweinearten gekreuzt. Ihr Ziel war es, ein handliches Versuchstier zu züchten, das uns Menschen in vielen Eigenschaften ähnelt. Noch heute ist das Göttinger Minischwein ein begehrtes Versuchstier in der Biomedizin. Schweinefreunde entdeckten Minischweine aber auch als intelligente Haustiere.

Im Minischwein steckt noch viel vom Wildschwein. Das ist zu sehen an seinem für Wildschweine typischen geraden Schwanz und den kleinen Stehohren.

Wesen und Verhalten
Aktiv und kommunikativ

Genau wie ihre wilden Vorfahren sind Minischweine viel in Bewegung und haben ein stark ausgeprägtes Erkundungsverhalten. Allein neun Stunden täglich suchen sie nach Nahrung: Minischweine schnüffeln und wühlen tagsüber eigentlich immer und überall, um etwas Essbares zu finden.

Ihre hohe Aktivität macht Schweine zu eifrigen Trainingspartnern: Alles, was man ihnen vor den Rüssel hält, wird sofort erkundet. Da der Magen eines Schweines daran gewöhnt ist, ständig kleine Mengen Futter aufzunehmen, lassen sich die Tiere beim Training leicht mit Futterhäppchen aktivieren und belohnen. Mittels positiver Verstärkung als Trainingsmethode lernten unsere Schweine, über Wippen zu laufen,

Schweine suchen ständig nach Futter. Deshalb sollte die Fütterung Beschäftigungsmöglichkeiten für Kind und Tier bieten. Für das Training eignen sich wie bei Hunden auch Futterbälle.

Teppiche aufzurollen, mit einem Ball zu spielen, durch einen Tunnel zu kriechen und vieles mehr (siehe Seite 162). So motivieren diese aktiven Tiere Kinder, selbst tätig zu werden.

Daneben sind Schweine sehr kommunikativ: Sie grunzen, quieken und schmatzen ständig. Das macht allen Kindern Freude und muntert besonders in sich gekehrte Kinder auf. Dank ihres authentischen Wesens sind Schweine wertvolle Co-Therapeuten. Mit ärgerlichem oder ängstlichem Quieken oder zufriedenem Grunzen signalisieren die Tiere unmissverständlich und sofort, wie sie sich fühlen. So bekommen die Kinder rechtzeitig eine Rückmeldung, ob sie sich schweinegerecht verhalten.

Sinnesleistungen und Ausdrucksverhalten

Schnüffelnd die Welt entdecken

Schweine können relativ schlecht sehen. Sie sind kurzsichtig und können Farben und Konturen schlecht erkennen. Aufgrund ihres extrem kurzen und dadurch relativ unbeweglichen Halses haben sie einen engen Blickwinkel, der überwiegend auf den Boden gerichtet ist. Damit es nicht zu Bissverletzungen kommt, sollte man buchstäblich die Finger davon lassen, Schweine aus der Hand zu füttern. Gerade Kinder mit Handicap haben häufig eine eingeschränkte Reaktionsgeschwindigkeit, können ihre Hand nicht schnell genug zurückziehen.

Dagegen ist der Tastsinn der Borstentiere besonders gut ausgeprägt. Die Rüsselscheibe von Schweinen ist ein hochsensibles Tastorgan mit einer Vielzahl an taktilen Rezeptoren. Mit ihr und mit den Zähnen untersuchen die Schweine alles, was ihnen vor den Rüssel kommt. Schließlich könnte es etwas zum Fressen sein.

Auch der Geschmackssinn von Schweinen ist sehr ausgeprägt, sogar besser als beim Menschen. Schweine können eine Vielzahl von unterschiedlichen Geschmacksrichtungen differenzieren. Sie lieben Bitteres, zum Beispiel Eicheln, und Süßes. Salziges und Saures verschmähen sie eher. Dies sollten wir beachten, um die geeigneten Futterhäppchen für das Training auszuwählen. Der Hörsinn der Schweine ist ebenfalls gut ausgebildet. Ihre guten Ohren warnen sie vor Gefahren. Damit Schweine nicht ängstlich davonrennen, sollte man sich bei der Arbeit mit ihnen ruhig verhalten.

Sinn Nummer 1 ist jedoch der Geruchssinn. Er spielt bei der Nahrungssuche, der räumlichen Orientierung, der Kommunikation sowie der Markierung des Reviers eine wichtige Rolle. Versuche haben gezeigt, dass Schweine sogar besser riechen können als Hunde: Mit ihrem Riechorgan können sie Trüffeln bis 60 Zentimeter tief in der Erde aufspüren. In der tiergestützten Arbeit lässt sich der Geruchssinn zum Beispiel beim Verstecken und Finden von Leckerlis oder beim Aufrollen eines Teppichs wunderbar nutzen.

Tiersprache und Mimik

Warum (Mini-)Schweine schäumen und schmatzen

Wer mit Schweinen arbeitet, sollte auch ihr Ausdrucksverhalten kennen. Wie beim Menschen unterscheidet man bei Tieren den lautlichen Ausdruck vom nonverbalen Ausdruck. Das mimische Ausdrucksverhalten lässt sich beim Schwein kaum deuten. Deshalb ist es wichtig, die wenigen nonverbalen Ausdrucksformen zu verstehen. Wenn sich Minischweine freuen, bewegt sich die Rüsselscheibe stetig auf und ab, der Kopf ist erhoben, die Ohren sind aufgerichtet und das Schwänzchen wackelt freudig hin und her. Bei Desinteresse wenden sich Schweine ab oder gehen weg. Wenn sie überfordert sind, senkt sich der Kopf und die Rüsselscheibe wird starr und unbeweglich. Haben die Schweine Angst oder fühlen sich bedrängt, können sie sogar angreifen und dabei den Menschen ernsthaft verletzen. Zuvor stellen sie jedoch ihre Nackenborsten hoch, legen die Ohren an und richten den Schwanz auf. Am Maul wird schaumiger Speichel sichtbar. Bei diesen Stresssignalen ist es höchste Zeit, eine Pause einzulegen.

Die akustische Kommunikation spielt beim Schwein die wesentlich größere Rolle. Wissenschaftler fanden heraus, dass Schweine mehr als zwanzig verschiedene Grunzlaute und Quieker verwenden – je nachdem, in welcher Situation sie sich gerade befinden. Aggression zum Beispiel kündigt sich durch lautes Schmatzen, dunkles Grollen oder (vor allem bei Ebern stärker ausgeprägt) Knirschen der Zähne an. Sind die Schweine entspannt, grunzen sie zufrieden gleichmäßig in einer tiefen Tonlage. Wenn sie sich freuen, grunzen sie weniger rhythmisch, eher abgehackt. Bei überforderten Schweinen verlängern sich die Grunzlaute und gehen bei Aggression in ein lautes, schrilles Quieken über.

Erhobener Kopf, gespitzte Ohren: So sieht ein freundlicher Empfang aus.

Angelegte Ohren, stehende Nackenhaare, lautes Schmatzen: Dieses Schwein bitte nicht berühren.

Für wen und warum (Mini-)Schweine?

Schweine machen mobil

Kinder, die mit Schweinen arbeiten, bauen ihre Ängste und Vorurteile schnell ab und achten und respektieren die Tiere fortan. Von solchen sozialen Lernprozessen profitieren sie auch in ihrem menschlichen Umfeld. Für das kognitive Lernen bieten Schweine ohnehin eine wahre Themenflut an: von der Nutztierhaltung über die Ernährung bis zu Sprüchen und Gebräuchen. Am besten helfen uns die quicklebendigen Tiere jedoch dabei, antriebslose und motorisch eingeschränkte Menschen zu mobilisieren.

Schweine kennenlernen

Im Zeitalter der industriellen Landwirtschaft trifft kaum ein Mensch noch zufällig auf Schweine. Daher löst diese Begegnung zwangsläufig Reaktionen aus: Die einen freuen sich und staunen. Die anderen haben Angst oder lehnen die Tiere ab. Als Fachkraft für Tiergestützte Therapie und Pädagogik ist es die Kunst, solche Reaktionen aufzufangen und in eine geistige und körperliche Mobilisierung umzusetzen. Sind die ersten Hürden überwunden, bieten diese munteren Bauernhoftiere vielfältige Möglichkeiten zur Stärkung von Motorik und Kommunikation sowie sozialen Interaktion der Klienten.

Raus aus dem Rollstuhl, um Leckerlis für die Lieblingstiere zu suchen

Von wegen uneben: Wo ein Wille ist, ist auch ein Weg für den Rollstuhl.

Wie Schweine Ellen in Schwung bringen

Ellen kann ihren Muskeltonus nicht dosieren, um eine gezielte Bewegung auszuführen. Auf Bewegungsimpulse reagiert ihr Körper mit ständigen »Wackelbewegungen«. Durch die Tiergestützte Intervention auf dem Bauernhof hat die Achtjährige deutlich an Kraft und Ausdauer zugelegt. Für die Schweine ist dem Mädchen keine Anstrengung zu viel. Mühsam hievt es sich aus dem Rollstuhl, um für die Tiere Eicheln zu sammeln, oder versteckt selbst gemachtes Popcorn im Schweinegehege. Schwerstarbeit bei dem holprigen Untergrund.

Tiergerechte Einsatzmöglichkeiten

Von und mit (Mini-)Schweinen lernen

Um Tier und Kind gerecht zu werden, ist es sinnvoll und spannend, zunächst einmal das Sozialverhalten der Borstentiere in ihrem Lebensraum zu beobachten. Die Beziehungen zwischen Mutter und Kind oder unter Geschwistern bei Schweinen zu erleben, ermöglicht den Kindern, eigene Erfahrungen zu verbalisieren und zu reflektieren. Auf jeden Fall regt es an, zu kommunizieren. Denn bei den munteren Tieren tut sich viel.

Aber auch bei der Versorgung der Schweine – füttern, misten, pflegen –, der Weidepflege und der Gestaltung des Geheges können Kinder sehr viel selbst machen und lernen. Wir haben mit den Kindern im Außengehege einen Unterstand gebaut und eine Suhle angelegt (siehe Seite 160 und Seite 165). Bei den neugierigen Schweinen sind auch freie Begegnungen oder Nahkontakte im Stall und auf der

Weide möglich und abwechslungsreich. Aber Achtung: Schweine sind keine Schmusetiere. Auf Hochnehmen, Einengen und Umarmen reagieren sie ungehalten oder panisch. Dafür sind sie ideale Spielpartner. Zum Beispiel sind die Kinder mit ihrem ganzen Herzen und Können dabei, wenn sie mit Schweinen Kunststücke einüben (siehe Seite 162).

Unser Mini genießt die Borstenpflege.

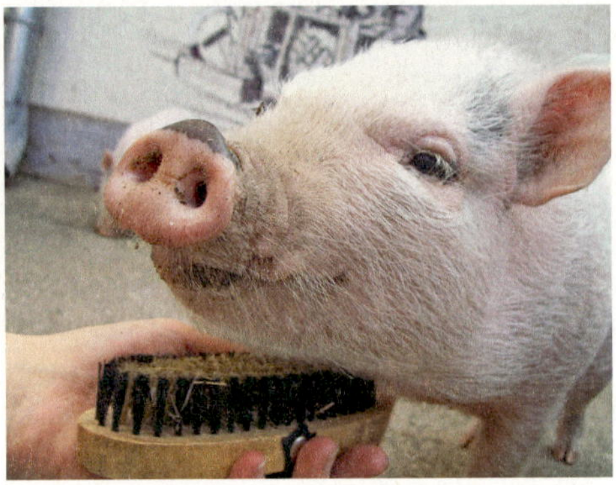

Neugierig beäugen die Minischweine den neuen Unterstand.

Beatrice als Baumeisterin

Gerechtigkeit muss sein: Beide Minis bekommen gleich viel Grün

Schweine motivieren Beatrice

In fremder Umgebung verhält sich Beatrice häufig unsicher und schüchtern. Hat sie sich mit einer neuen Situation vertraut gemacht, taut sie jedoch relativ schnell auf. Im Schulalltag ist Beatrice oft unmotiviert. Häufige epileptische Anfälle erschweren ihren Alltag: Sie muss einen Helm tragen und immer einen Eimer griffbereit haben, weil sie sich häufig übergeben muss. Auf dem Bauernhof hat sie eine Menge Spaß und arbeitet hoch motiviert mit. Beim Bau des Schweineunterstandes hämmert und bohrt sie eifriger als andere. Selbst auftretende Schwierigkeiten meistert sie mühelos, um den Schweinen Schutz vor Wind und Wetter zu bieten. Es gelingt ihr problemlos, sich die einzelnen Arbeitsschritte zu merken, umzusetzen und zielstrebig weiterzuplanen.

Nach Recht und Gesetz

(Mini-)Schweine ordnungsgemäß halten

Egal, ob Minischwein oder Maxischwein – jede Schweinehaltung unterliegt einer Reihe von Verordnungen und Gesetzen. Neben den ab Seite 204 genannten Vorschriften gilt auch die Schweinehaltungshygieneverordnung (Verordnung über hygienische Anforderungen beim Halten von Schweinen [SchHaltHygV]). Weiteres zu Tierschutz und Tierrecht können Sie ab Seite 107 lesen.

Jeder Schweinehalter, also auch jeder Hobbyschweinehalter, ist verpflichtet, seine Schweine bei der zuständigen Behörde, dem örtlichen Veterinäramt, zu melden, sie mit zugeteilten Ohrmarken zu kennzeichnen und ein Bestandsregister zu führen. Außerdem müssen die Borstentiere innerhalb von vierzehn Tagen bei der jeweils zuständigen Tierseuchenkasse und innerhalb von sieben Tagen nach der Geburt bei der Schweinedatenbank, der HIT-Liste (Herkunftssicherungs- und Informationssystem für Tiere), gemeldet werden.

Um keine Erreger der Schweinepest zu verbreiten, dürfen Schweine keine Speiseabfälle fressen. Und damit diese Haustiere keinen Kontakt zu Wildschweinen haben, muss ihr Gehege doppelt eingezäunt sein. Wer gegen diese Verordnungen verstößt, handelt ordnungswidrig und muss mit Geldbußen rechnen.

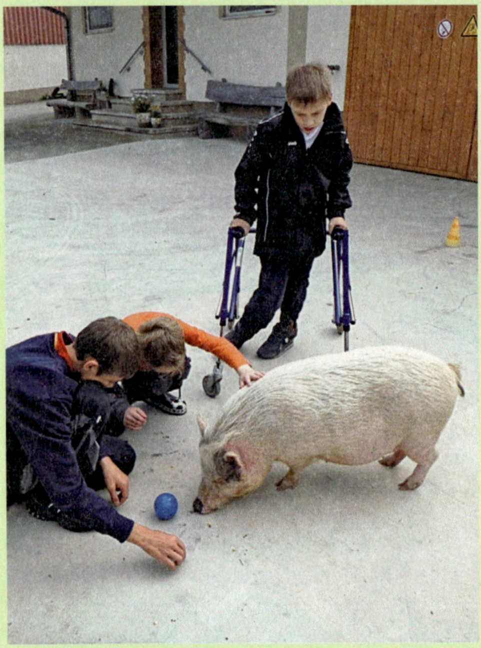

Beim Trainieren der Minis stärkt Jan seine Muskulatur: Schade, dass es keine Rüsselballweltmeisterschaft gibt.

Jan liebt Schweinefußball

Jan hat eine angeborene spastische Körperbehinderung und benötigt für längere Strecken einen Rollstuhl. Weil er schon häufiger auf dem Bauernhof an der Tiergestützten Intervention teilgenommen hat, besteht er darauf, seinen Rolli in der Schule zu lassen und mit dem Gehwagen zu kommen. Auf dem Bauernhof scheut er keine Mühen. Am allerliebsten trainiert er die Minischweine. Als wir während der Fußballweltmeisterschaft den Minischweinen das »Fußballspielen« beibringen, läuft der begeisterte Fan zur Hochform auf. Alles ist bei ihm in Bewegung. Nur der Gehwagen bleibt stehen.

Um glücklich zu sein, brauchen Schweine Gesellschaft, am besten einen Artgenossen.

Richtig halten und ernähren

Kein (Mini-)Schwein will allein sein

Schweine leben in familiären Sozialverbänden, sogenannten Rotten. Deshalb ist die Einzelhaltung verboten und nur eine Gruppenhaltung artgerecht. Innerhalb der Rotte herrscht eine strenge Rangordnung, die von Körpergröße und Kraft abhängt. Minischweine lassen sich am besten in gleichgeschlechtlichen Gruppen halten. Auch »Familien«, zum Beispiel die Mutter mit ihrem weiblichen Nachwuchs oder Geschwistertiere, eignen sich gut. Eber müssen kastriert sein!

Schweine lassen sich mit anderen Weidetieren vergesellschaften. Allerdings müssen sich die Tiere erst aneinander gewöhnen. Gegen eine Vergesellschaftung spricht, dass Schweine auf der Suche nach Essbarem den Boden durchwühlen. So können sie in kürzester Zeit eine Weide umgraben, was gar nicht nach dem Geschmack von Grasfressern wie Schaf oder Esel ist.

Ein ausgewachsenes Minischwein braucht so viel Fläche wie ein Mastschwein mit einem Gewicht von 50 kg. Die Tierärztliche Vereinigung für Tierschutz e. V. (TVT) rät, einem ausgewachsenen Minischwein 6 m² Stallfläche einzuräumen (siehe auch Seite 205). Jedes weitere Tier benötigt 3 m². Dazu kommt ein Auslauf von mindestens 250 m² für maximal fünf Tiere. Entsprechend mehr für mehr Tiere. Im Idealfall besteht der Auslauf aus Naturboden, damit die Schweine wühlen können, und einem kleineren befestigten Bereich, damit sich die Klauen abnützen können.

Da Schweine nicht schwitzen können, suhlen sie im Schlamm, um sich abzukühlen. Ist der Schlamm getrocknet, scheuern sie ihn mitsamt lästigen Parasiten ab. Deshalb brauchen die Borstentiere sowohl eine Suhle als auch Scheuermöglichkeiten. Daneben sollte der Auslauf ausreichend Beschäftigungsmöglichkeiten bieten. Dafür eignen sich Baumstämme, Reisighaufen, Steine, aber auch Bepflanzungen wie Sträucher und Hecken. Die Haut vieler Schweinerassen enthält keine Pigmente. Daher bekommen sie schnell einen Sonnenbrand und brauchen einen Schattenplatz oder einen Unterstand.

Der Stall von Schweinen sollte hell, gut belüftet und zugfrei sein. Entgegen ihrem Ruf sind Schweine sehr reinlich. Daher sollten Futter-, Liege- und Kotbereich gut voneinander abgegrenzt sein.

▶ Vielfältig, aber nicht zu viel füttern

Schweine sind von Natur aus Allesfresser. Draußen auf der Weide futtern sie vor allem Pflanzliches wie frisches Gras und Klee. Aber auch Kleintiere wie Mäuse, Schnecken, Würmer, Käfer oder Larven stehen auf ihrem Speiseplan. Selbst Aas mögen sie. Da die wenigsten Schweine noch Auslauf haben, ist es schwierig, sie richtig zu füttern. Denn das klassische Schweinfutter ist auf die Mast oder Zucht der Tiere ausgelegt und damit viel zu kalorienreich. Zum Glück bieten einige Firmen mittlerweile Futtermittel für die Hobbyschweinehaltung an.

Das Futter lässt sich jedoch auch selbst mischen. Schweine mögen eigentlich alles, was wir Menschen auch mögen. Um etwas Abwechslung in den Trog zu bringen, sollte man hin und wieder passend zur Jahreszeit die Futtersorten wechseln. Gerade beim Futtermachen können Kinder wunderbar mithelfen (siehe Seite 155).

Minis brauchen theoretisch täglich ein bis maximal zwei Prozent ihres Körpergewichtes an Futter, verteilt auf mehrere Mahlzeiten. Wiegt das Schwein also 50 kg, sollte es 0,5 bis 1 kg Futterschrot bekommen. Dazu gehört Getreide wie Weizen, Gerste und Hafer. Je weniger Getreide die Ration enthält, desto mehr Hackfrüchte, Obst und Gemüse darf man dazugeben. Wer selber Futter mischt, muss darauf achten, dass die Tiere alle essentiellen Aminosäuren und Mineralstoffe bekommen. Ansonsten muss ein Mineralfutter beigemischt werden. Heu und Gras darf das Schwein so viel fressen, wie es will.

Achtung: Kinder und andere Klienten sollten die Schweine auf keinen Fall unkontrolliert füttern. Denn das kann die Tiere fett und krank machen.

Wühlen, suhlen, kratzen: Wer (Mini-)Schweine halten will, muss ihre elementaren Grundbedürfnisse befriedigen.

Beim Anlegen eines Schweinegeheges können Kinder überall mitmachen.

Co-Therapeut Kuh

In der Ruhe liegt ihre Kraft

Von wegen »blöde Kuh«

Das Wesen der Dinge hat die Angewohnheit sich zu verbergen.

HERAKLIT

Kühe gelten oft als schwerfällige und phlegmatische Geschöpfe, die ihre Tage mit Herumstehen, Wiederkäuen und Glotzen vertrödeln. Daher werden sie in ihren Qualitäten und ihrem Potenzial für eine therapeutische und pädagogische Arbeit, insbesondere eine Tiergestützte Intervention, oftmals verkannt und belächelt.

Abstammung und Geschichte
Die Kuh ist Kulturgeschichte

Ähnlich wie der Hund spielte die Kuh oder das Rind im Leben des Menschen seit der Urzeit bis heute eine herausragende Rolle. Ohne sie wären wir Menschen vermutlich nicht sesshaft geworden. Denn die Kuh hat die besondere Fähigkeit, Gras in Milch und Fleisch zu verwandeln. So konnten unsere Vorfahren auch in kargen Gegenden wie Bergen, in denen der Ackerbau wenig Ertrag bringt, leben. Die Kuhmilch lieferte das nötige Protein zum Überleben. Nach seinem Tod ließ sich das komplette Tier verwerten: Sein Fell diente als Kleidung und Behausung, das Fett als Brennstoff für Lampen. Die Knochen wurden zu Nadeln und anderen Werkzeugen verarbeitet. Ausgrabungsfunde und Felszeichnungen belegen, dass Kühe den Menschen bereits seit Jahrtausenden als Arbeitstiere begleiten. Die kräftigen Tiere haben schwere Lasten getragen und den Pflug gezogen. Die Symbiose zwischen Kühen und Menschen prägte unsere Kulturlandschaft und gestaltete unseren Planeten so, wie wir ihn heute kennen: die Prärien Nordamerikas genauso wie die südamerikanische Pampa oder unsere abwechslungsreiche europäische Landschaft mit Wäldern, Feldern und Weiden.

Der Urahn unserer heutigen Kühe ist der Auerochse. Von Indien und Pakistan über den Iran kommend, hat er Eurasien »kolonialisiert«. Bereits Christoph Kolumbus exportierte im 15. Jahrhundert die erste Kuh in die Neue Welt. Heute leben etwa 1,3 Milliarden Rinder auf unserer Erde.

Wesen und Verhalten
Gelassenheit lernen

Kühe lassen sich in der Tiergestützten Intervention sehr vielseitig einsetzen. Ihre besondere Stärke liegt in ihrer ruhigen, friedlichen und gutmütigen Art. Da Kühe nur halb so schnell laufen können wie Menschen, eignen sie sich wunderbar für Kinder mit körperlichen Einschränkungen, aber auch zum Beruhigen von nervösen Naturen. Ihre gemächlichen Bewegungen und das langsame Tempo beim Führen helfen den Kindern, ihre eigene mangelnde Koordination in einen Rhythmus zu bringen oder ihre Eigenwahrnehmung zu schulen. Erfolgreich arbeiten können wir jedoch nur mit einer satten Kuh. Denn Hunger gehört neben Angst, dem Geschlechtstrieb und Herdentrieb zu den wichtigsten Gründen für unkontrollierbares Verhalten bei Tieren.

Kühe lehren uns, einfühlsam und geduldig zu sein. Mit Druck, Geschrei und Gewalt läuft bei den großen Wiederkäuern nichts. Diese Verweigerungshaltung bringt die Kinder zum Nachdenken. Statt am Führstrick zu zerren, müssen sie herausfinden, warum die Kuh »streikt«. Vielleicht liegt es an ihren eigenen Verhaltensweisen wie Geschrei und Hektik? Das fordert von den Kindern die soziale Kompetenz, die Bedürfnisse des Tieres in einem empathischen Prozess zu reflektieren und

Im Einklang und Gleichschritt mit Kuh Paula

Da kommt selbst ein Fußballer zur Ruhe.

gegebenenfalls die eigenen Verhaltensweisen zu korrigieren. Führung gelingt nur mit Einfühlungsvermögen und Geduld. Erst wenn sich die Kinder in die Kuh eingefühlt haben, können sie mit ihr kommunizieren.

Kühe sind viel mit Fressen beschäftigt, haben dann aber auch die sehr gut nutzbare Zeit des Wiederkäuens. Besonders in dieser Zeit wirken sie beruhigend, ausgleichend und harmonisierend.

Darüber hinaus schenken uns Kühe unvergleichliche Erfahrungen. Beispielsweise bieten das Melken, Trinken kuhwarmer Milch und die Milchverarbeitung sinnliche Erlebnisse und reichhaltige motorische Anreize und Betätigungsfelder (siehe Seite 166 und Seite 168). Ein unvergessliches taktiles Erlebnis ist es, beim Füttern der Kuh per Hand ihre lange, raue Zunge zu spüren.

Allerdings muss die Fachkraft bei der Arbeit mit der Kuh sehr achtsam sein. Ihre imposante Gestalt wirkt auf manche Kinder erst einmal Furcht einflößend. Und die Verletzungsgefahr für die Kinder ist natürlich größer als beim Schaf. Zum Beispiel, wenn die Kuh einem Kind auf den Fuß tritt. Umgekehrt sind die Kinder besonders stolz, wenn es ihnen gelingt, ein so großes Tier zu handeln. Aus Sicherheitsgründen arbeiten wir mit genetisch hornlosen Kühen, also Rassen, die keine Hörner haben.

Raue Zunge, weiches Fell: An Kühen gibt es viel zu spüren.

Erst am Übungseuter …

… dann am »lebendigen Objekt« melken.

Sinnesleistung und Ausdrucksverhalten
Die Welt mit Kuhaugen sehen

Wir Menschen gehen oft davon aus, dass Bauernhoftiere die Umwelt genau so wahrnehmen wie wir, weil sie die gleichen Sinne haben, also sehen, hören, riechen, schmecken und fühlen können. Dies ist aber falsch: Kühe nehmen ihre Umwelt hauptsächlich über die Augen, die Nase und die Ohren war.

Besonders ihr Sehvermögen unterscheidet sich stark von unserem: Wie viele andere Fluchttiere haben Kühe keine runden, sondern querovale Pupillen. Ihre Linsen können sich schlecht an Entfernungen anpassen. Deshalb ist sowohl die Fernsicht als auch die Wahrnehmung der Tiefenschärfe weniger ausgeprägt als beim Menschen. Nur in einem relativ kleinen Sehfeld von 30 Grad sehen die Tiere wirklich scharf und dreidimensional. Dafür haben sie dank ihrer seitlich angeordneten Augen ein großes Sehfeld von 330 Grad. Mit dieser Fast-Rundumsicht kann sich die Kuh sehr schnell einen Überblick über die Lage verschaffen und Feinde fast immer bemerken. Nur hinter dem Schwanz befindet sich ein kleiner blinder Fleck, ein toter Winkel, wo die Kuh nichts sieht.

Bewegungen nimmt sie nicht wie wir als »Film mit fließenden Bewegungen« wahr, sondern als Abfolge von Bildern. Deshalb erschrecken Kühe auch, wenn man sich ihnen zu schnell nähert. Besonders wenn sie mit erhobenem Kopf durch die Welt laufen oder geführt werden, fürchten sie sich manchmal auch vor unbekannten Objekten oder Schatten am Boden.

Wer therapeutisch oder pädagogisch mit Kühen arbeiten will, muss den Kindern beibringen, sich langsam zu bewegen. Dann geraten die Wiederkäuer nicht in Stress.

Paula macht als Therapietier Karriere

Nicht jede Kuh eignet sich für die Tiergestützte Intervention mit Kindern. So haben wir lange gesucht, um Paula zu finden. Unsere Fleckvieh-Angus-Kuh ist sehr lieb und zutraulich. Weil ihre Mutter sie nicht angenommen hatte, musste sie mit der Flasche großgezogen werden. Sie wurde also schon sehr früh auf Menschen geprägt und verbindet mit ihnen nur Positives (siehe ab Seite 95). Trotz Flaschenaufzucht verhält sie sich gegenüber Menschen weder distanzlos noch respektlos. Im Gegenteil: Paula ist eine ideale Co-Therapeutin. Sie ist überaus neugierig und intelligent sowie verschmust und anhänglich. Sie liebt es, sich striegeln und bürsten zu lassen, und genießt es mit lang gestrecktem Hals und geschlossenen Augen, wenn die Kinder sie am Hals kraulen. Sie ist gelenkig wie eine Katze, um zu zeigen, wo es sie gerade juckt, und um uns zum Rückenkratzen aufzufordern. Sie lässt sich gut und gerne von den Kindern führen.

Das Sehvermögen der Kuh berücksichtigen wir bei der Arbeit mit ihr.

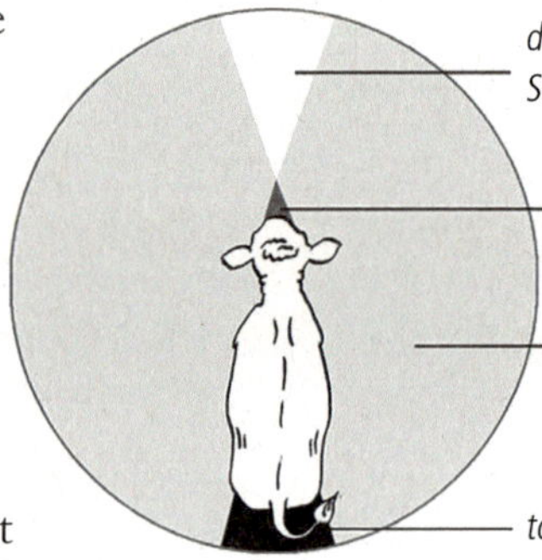

- Immer von der Seite nähern: Genau wie beim Pferd sollte man sich Kühen nicht von hinten nähern: Sie könnten sonst erschrecken und plötzlich ausschlagen. Wer eine Kuh an einen bestimmten Ort dirigieren will, sollte sie immer von der Seite treiben. Dabei reicht ein leichtes Antippen mit den Fingern, denn Kühe nehmen Berührungen sehr gut wahr. Sie spüren bereits eine Fliege auf ihrem Rücken. Deshalb müssen wir beim Kuhkontakt in der tiergestützten Arbeit keinen unnötigen Druck ausüben.
- Blautöne und Grüntöne bevorzugen: Kühe sind farbtüchtig, sehen also Farben. Vermutlich können sie dabei kurzwelliges Licht wie Grün und Blau besser sehen als langwelliges Licht wie Gelb und Orange. Rot sehen sie schlecht, weil ihnen dafür die Rezeptoren fehlen. Daher ist es sinnvoll, wenn die Fachkraft immer ähnliche Kleidung in Blautönen oder Grüntönen trägt und Bänder oder Absperrungen in den »richtigen« Farben wählt. Plötzlicher Farbwechsel, wehende, flatternde oder spiegelnde Gegenstände können Kühe erschrecken.
- Geduldig sein: Bei einer Kuh dauert die Umstellung von hell nach dunkel fünfmal länger als bei einem Menschen. Daher muss man der Kuh mehr Zeit geben, wenn man sie zum Beispiel aus einem dunklen Stall hinaus auf die Weide führt, oder geduldig bleiben, wenn sich die Tiere weigern, in einen dunklen Stall zu gehen.

Der Geruchssinn einer Kuh ist wesentlich besser ausgeprägt als derjenige des Menschen. In der Herde kommunizieren Kühe viel über diesen Sinn. So erkennt die Mutterkuh ihr Kalb am Geruch. Das gilt auch für ihre Betreuer. Auf Ausscheidungen (auch menschliche!) können Kühe sowohl mit Ablehnung als auch mit Flucht reagieren. Manche Kühe verhalten sich gegenüber unbekannten Gerüchen extrem sensibel. Deshalb lieber kein Parfüm oder andere intensive Gerüche verwenden.

Die Ohren einer Kuh sind ständig in Bewegung, um Geräusche zu lokalisieren. Dabei können Kühe ihre Ohren unabhängig voneinander zum wahrgenommenen Geräusch hin ausrichten.

Kühe können Geschehnisse vor ihnen im Blick haben und zugleich mit einem nach hinten geklappten Ohr (rechts) oder zwei nach hinten geklappten Ohren (links) den Fokus auf ein Geräusch hinter ihrem Rücken richten.

Im Vergleich zu uns hören Kühe sowohl im tief- als auch im hochfrequenten Bereich besser. Sie nehmen also auch Töne wahr, die wir gar nicht hören. Während sie auf hohe Frequenzen eher gestresst reagieren, beruhigen sie tiefe Töne. Wer mit Kühen arbeitet, sollte sie also mit tiefer Stimme ansprechen und auf laute, schrille Geräusche wie Rufen, Schreien oder Pfeifen verzichten. Die Tiere sind in der Lage, Ereignisse ihres Lebens mit Geräuschen und Gerüchen zu verknüpfen.

Kühe können die Geschmacksrichtungen Süß, Sauer, Salzig und Bitter unterscheiden. Ihre Lieblingsspeisen sind individuell ausgeprägt. Während unsere Paula zum Beispiel Äpfel über alles liebt, bevorzugt ihre Tochter Emma eindeutig Rübenschnitzel.

Tiersprache und Mimik

Warum Kühe den Schwanz einklemmen

Die Gemütslage einer Kuh lässt sich an der Haltung von Kopf und Schwanz sowie an ihrer Mimik und den Lautäußerungen erkennen.

Die akustische Kommunikation ist bei Kühen weniger stark ausgeprägt als bei Schweinen. Aber auch bei ihnen lassen sich verschiedene Laute unterscheiden: zum Beispiel bei Trennung des Kalbes von seiner Mutter, bei Hunger oder bei Schmerz. Meistens leiden Kühe jedoch stumm, ähnlich wie Schafe oder Ziegen. Denn würde eine verletzte Kuh ihren Schmerz hinausbrüllen, wäre sie in freier Wildbahn für ihre Feinde eine leicht zu findende Beute. Dies gilt es in der tiergestützten Arbeit besonders zu berücksichtigen. Ein artgerechter Umgang mit Kühen erfordert also eine intensive Beobachtung. Allgemein gilt die Regel: Je stärker eine Kuh ihr Kinn an die Brust zieht, desto aggressiver ist sie. Weitere Drohgebärden sind das Scharren mit den Füßen sowie das Schütteln des Kopfes oder stoßende Kopfbewegungen.

Klemmt die Kuh ihren Schwanz zwischen die Hinterbeine, ist sie entweder krank oder hat Angst. Hebt sie den Schwanz etwas an, ist dies eine Drohung oder sie ist aufgeregt. Wenn eine Kuh galoppiert und sich freut, hebt sie den Schwanz in die Luft.

Normale Kopfhaltung

Annähernde Kopfhaltung

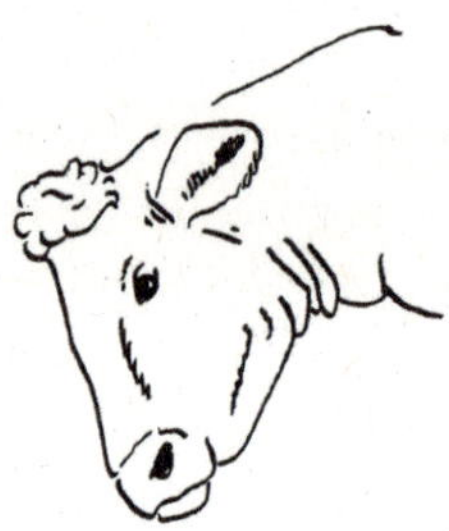

Drohende, feindliche Kopfhaltung

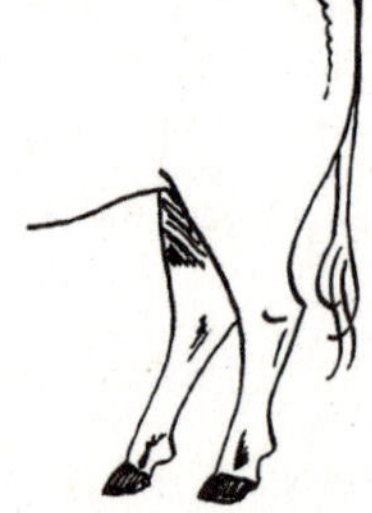

Neutrale Schwanzhaltung

Drohende oder aufgeregte Schwanzhaltung

Ausschlagende oder spielende Schwanzhaltung

Kuh und Kind genießen sichtlich den Kontakt.

Ein Spaziergang macht vier glücklich.

Paula lässt Matthias lächeln

Matthias kommt selten aus sich heraus. Kontakte zu Mitschülern und Erwachsenen fallen ihm schwer. Auch auf dem Bauernhof bleibt er zunächst für sich. Das Kind mit einer Autismus-Spektrum-Störung lässt sich nur schwer in die Arbeit mit den Tieren und anderen Kindern einbinden, bis es auf Paula trifft. Langsam, aber sicher kommt es ihr näher. Unsere Kuh mit Äpfeln zu füttern, sie zu melken und ihr wolliges Fell zu striegeln, lockt den Jungen aus der Reserve. Auch das Kuhtrekking bereitet ihm viel Freude. Gerne hält Matthias den Führstrick und bleibt so immer in Verbindung mit seinem Lieblingstier.

Für wen und warum Kühe?

Ruhe und Rhythmus lernen

Kühe sind feinfühlige, soziale Lebewesen, die vor allem Ruhe und Verlässlichkeit ausstrahlen. In der Tiergestützten Intervention helfen sie uns nicht nur wie andere Tiere als »Türöffner«, wie es im Jargon der TGI heißt, sondern bringen viel mehr. Das umschreibt Martin Ott in seinem wunderschönen Buch »Kühe verstehen« wie folgt: »Das Kapital, das die Kuh in den therapeutischen Kontext einbringen kann, ist nicht in erster Linie wie beim Pferd die kommunikative Bewegung, sondern ihre ureigene Spezialität und Stärke: die rhythmische Verlässlichkeit.« (Quelle: M. Ott: Kühe verstehen, siehe Seite 204) Davon können motorisch unkoordinierte, hypernervöse, aber auch ängstliche und verunsicherte Kinder stark profitieren. Die entspannte und zufriedene Ausstrahlung der Kuh in der Zeit des Wiederkäuens bringt Hektiker und manchmal sogar größere Gruppen zur Ruhe.

Mehr Nähe geht nicht: Die Kinder spüren und hören das Kalb im Bauch der Kuh.

Auf Du und Du: Kind und Kuh genießen den Nahkontakt.

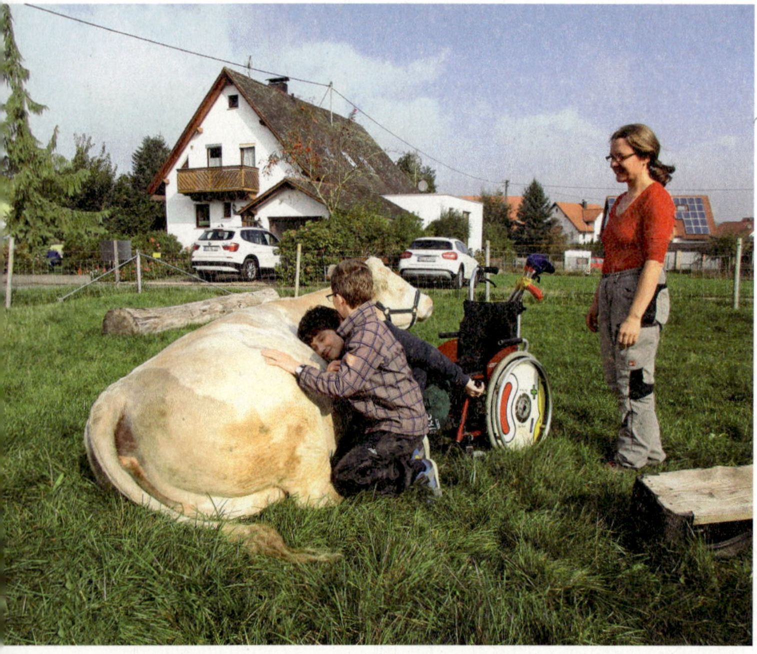

Selbst mit Rollstuhl geht Schmusen auf der Weide.

Paula gibt Fabian Kraft

Fabian leidet seit seiner Geburt an Muskelschwäche: Seine Muskeln bilden sich im Laufe der Jahre zurück. Schon jetzt fällt er ständig hin und muss immer einen Helm tragen. Das macht ihn unsicher und ängstlich. Trotzdem hat er vor unserer Kuh keinerlei Furcht. Für Paula gibt er alles. Beim Streicheln, Pflegen und Grasrupfen trainiert er seine Muskeln. Der Umgang mit diesem großen, kräftigen Tier stärkt sein Selbstbewusstsein. Damit können wir ihm helfen und seine Lebensfreude stärken, nur aufhalten können wir die Krankheit leider nicht.

Zwei, die einander vertrauen

Tiergerechte Einsatzmöglichkeiten

Kühe hegen, pflegen und bewegen

Zu den tiergerechten Einsatzmöglichkeiten von Kühen gehört es, ihr Sozialverhalten zu beobachten. Wenn unsere Kuh ein Kalb hat, lässt sich bei ihr die sehr entspannte Mutter-Kind-Beziehung erleben. Außerdem können die Kinder helfen, die Kühe zu versorgen: zu füttern, zu misten und zu pflegen (siehe Seite 150). Auch bei der Weidepflege und Gestaltung des Geheges können sie ins Tun kommen. Zum Beispiel haben wir Weidepfähle geschnitzt und einen Unterstand gebaut. Natürlich sind mit unseren sanftmütigen Tieren auch freie Begegnungen im Stall und auf der Weide möglich. Besonders die Mittagszeit lässt sich in der Tiergestützten Intervention wunderbar für intensive Nahkontakte nutzen. Denn dann kauen die Tiere intensiv wieder und sind besonders ruhig und ausgeglichen.

Nach Recht und Gesetz

Kühe ordnungsgemäß halten

Jede Kuhhaltung unterliegt nach EU-Verordnung der Kennzeichnungs- und Registrierungspflicht. Jeder Kuhbesitzer muss seine Tiere innerhalb von sieben Tagen nach der Geburt mit Ohrmarken kennzeichnen und sie beim örtlichen Veterinäramt und bei der Tierseuchenkasse anmelden. Zusätzlich muss er jede Kuh bei der Rinderdatenbank, der HIT-Liste (Herkunftssicherungs- und Informationssystem für Tiere), melden und alle Abgänge und Zugänge in einem einzeltierbezogenen Bestandsregister dokumentieren. Weitere Hinweise zu Tierschutz und Tierrecht sowie rechtlichen Voraussetzungen finden Sie ab Seite 107 und ab Seite 204.

Richtig halten und ernähren
Viel Gras und Gesellschaft

Allein über die Fütterung von Kühen ließe sich ein ganzes Buch schreiben. Wir beschränken uns auf das Wesentliche.

Kühe sind Wiederkäuer und vertilgen pro Tag rund 20 kg Trockenmasse (TM). Trockenmasse, auch Trockensubstanz genannt, meint das reine Futtermittel ohne Wasser. Grundsätzlich gilt: Je mehr Wasser, also je weniger Trockensubstanz das Futter enthält, desto mehr Futter braucht die Kuh. Heu enthält etwa 12 Prozent Wasser. Bekommt die Kuh nur Heu, benötigt sie davon täglich etwa 22,7 kg, um satt zu werden: 20 kg TM / 0,88 = 22,7 kg Heu (12 Prozent Wasser entspricht 88 Prozent Trockensubstanz). Frisst die Kuh im Sommer ausschließlich frisches Gras, das etwa 85 Prozent Wasser enthält (15 Prozent Trockensubstanz), benötigt sie davon mehr als 130 kg täglich.

Mit dem Wasser verhält es sich ähnlich. Kühe benötigen täglich 80 bis 120 Liter Flüssigkeit. Wird die Kuh ausschließlich mit trockenem Heu gefüttert, braucht sie mehr Wasser, als wenn sie frisches Gras mit einem hohen Wassergehalt bekommt.

Gras, Heu, Öhmd sowie Gras-Silage stellen für Kühe das Grundfutter dar (Öhmd ist der nicht mehr so proteinreiche zweite und dritte Grasschnitt). Zur Abwechslung bekommt unsere Kuh kleine Mengen Futtermais, Rüben und ihre Lieblingsspeise Äpfel. Achtung: Anders als in der Milchviehhaltung oder Rindermast brauchen unsere wiederkäuenden Co-Therapeuten keine energiereiche Kost wie Getreideschrot oder Pellets. Solches Kraftfutter beeinträchtigt die Wiederkäuerfunktion.

▶ Wir lassen die Kuh raus

Die natürliche Haltungsform für Rinder ist die Weidehaltung. Eine reine Stallhaltung entspricht nicht ihren Bewegungsbedürfnissen. Kühe sind sehr soziale Tiere und suchen den ständigen Kontakt zu ihresgleichen. In der Natur leben sie in Herden von zwanzig bis dreißig Mutterkühen mit ihren Kälbern. Das bedeutet, auch wenn Kühe als Co-Therapeuten im Einsatz sind, brauchen sie mindestens einen Artgenossen. Am besten lassen sie sich in gleichgeschlechtlichen Gruppen halten. Günstige Kombinationen sind auch eine Mutterkuh mit ihrem Kalb oder zwei Geschwistertiere. Auch hier gilt: Männliche Tiere müssen unbedingt kastriert sein.

Kühe lassen sich behutsam mit anderen Weidetieren vergesellschaften. Allerdings haben sie einen viel höheren Futterbedarf als Ziegen, Schafe oder Esel. Auf der Weide

Nach einer Schmuserunde richtet sich Sonja auf der Kuh wieder auf.

Sonja stärkt sich auf dem Kuhrücken

Sonja leidet seit ihrer Geburt an der Glasknochenkrankheit. Bereits geringste Belastungen oder minimaler Druck führen bei ihr zu blauen Flecken und im Extremfall zu Knochenbrüchen. Eine Therapie hierfür gibt es noch nicht. Doch jedes Körpertraining, das die stützende Muskulatur aufbaut, hilft. In der Tiergestützten Intervention sind wir sehr vorsichtig und besorgt, dass ein Tier sie verletzen konnte. Während wir andere Tiere immer wieder bei der Kontaktaufnahme ausbremsen müssen, scheint Paula die Situation gleich zu verstehen. Bei Übungen mit Sonja steht sie stocksteif da, sodass wir das empfindliche Kind ohne Furcht auf ihr ablegen können. Ihr breiter Körper und runder Rücken sind geradezu ideal dafür. Paulas Atmung, ihre Wärme und Atembewegungen tun Sonja gut. Immer wieder richtet sie sich selbstständig auf. Häufig huscht dabei ein Lächeln über ihr Gesicht.

sind sie etwa zehn Stunden pro Tag mit Grasen beschäftigt. Dabei legen sie im langsamen Vorwärtsgang täglich mehrere Kilometer zurück. Die höchste Fressaktivität und Bewegungsaktivität haben sie frühmorgens und in der Abenddämmerung. Das Wiederkäuen dauert täglich fünf bis neun Stunden. Um lästige Parasiten loszuwerden, scheuern und kratzen sich Kühe gerne. Dazu sollten Bäume, Hecken oder fest verankerte Mauern und Pfosten auf der Weide stehen.

Werden Kühe ganzjährig draußen gehalten, benötigen sie einen Unterstand, der sie vor zu viel Sonne, Wind und anhaltender Nässe schützt. Günstig sind auch kombinierte Haltungen in Offenställen mit Auslauf. Die Verbandsrichtlinien von Bioland schreiben für Kühe eine Stallfläche von 6 m² und eine Außenfläche (ohne Weidefläche) von zusätzlich 4,5 m² pro Tier vor.

Co-Therapeut Schaf

Das Königstier der Tiergestützten Intervention

Von wegen » dummes Schaf«

Wirkliches Wissen ist, das Ausmaß der eigenen Unwissenheit zu erkennen.

KONFUZIUS

Viele Menschen halten Schafe für dumpf blökende Wesen, die bei jeder Annäherung kopflos davonrasen. Das hat ihnen den Ruf des »dummen Schafes« eingebracht. Wer wissen will, warum sich das vermeintlich dämliche Tier eigentlich schlau verhält, muss seine Lebensweise kennenlernen.

Abstammung und Geschichte
Ein Tier mit viel Nutzen

Schafe zählen wie Hunde zu den ältesten Haustieren. Unser heutiges Hausschaf stammt von Wildschafen ab, die weit über die nördliche Erdhalbkugel verbreitet waren. Die Domestikation erfolgte vermutlich vor rund 10 000 Jahren, hauptsächlich im Vorderen Orient. Auch anderenorts züchteten die Menschen Wildschafe zu Hausschafen. So verbreiteten sich verschiedene Rassen von Zentralasien und Vorderasien nach Europa und Nordafrika. Als Urschaf gilt das Armenische Mufflon. Unterschiedliche Formen dieser wilden Wolltiere grasen noch heute in den gebirgigen Gegenden Europas und Asiens. Dort kommen die robusten und genügsamen Tiere mit karger Nahrung zurecht. Ihre Anspruchslosigkeit und Anpassungsfähigkeit an klimatische Schwankungen begünstigten ihre Karriere als Hausschaf. Zunächst nutzten die Menschen die Tiere als Fleischlieferanten und Opfergaben für die Götter. Erst später fingen sie an, Schafe zu melken, und begannen ab 6000 v. Chr., Wollschafe zu züchten. Heute gibt es zahlreiche Rassen, die sich je nach Nutzung oder Lebensraum einteilen lassen in Fleischschafe, Milchschafe, Bergschafe und andere. Neuerdings pflegen Schafe auch unsere Kulturlandschaften, erhalten Heiden und sichern die Deiche an den Küsten.

Wesen und Verhalten
Schlaue Schafe flüchten

Schafe sind Herdentiere und leben in einer strengen Rangordnung. In jeder Schafgruppe gibt es ein Leitschaf, meist ein älteres, erfahrenes Tier. Im Vergleich zu anderen Bauernhoftieren ist es schwierig, mit Schafen, die in einer Herde aufgewachsen sind, zu arbeiten, denn sie haben einen stark ausgeprägten Fluchtinstinkt: Auf jede unbekannte Bewegung reagieren sie schreckhaft. Die soziale Lebensweise in der Herde erleichtert ihnen die Futtersuche, das Erkennen von Gefahren und die Flucht. Fürchtet sich ein Schaf innerhalb der Herde, merken es die anderen sofort. So lässt sich blitzschnell eine Flucht organisieren. Forscher der niederländischen Universität Wageningen stellten fest, dass Menschen für Schafe genauso bedrohlich wirken wie Hunde.

Für die Tiergestützte Intervention hat das zwei wichtige Konsequenzen. Erstens können wir niemals mit nur einem Schaf arbeiten. Zweitens müssen wir diesem Fluchttier so früh wie möglich lehren, uns zu vertrauen. Das geht nur in der frühen Schafkindheit: Haben Lämmer schon in den ersten Lebenstagen Kontakt zu uns, verringert dies ihre angeborene Angst vor dem Menschen, ohne dass darunter die Beziehung zwischen Muttertier und Lamm leidet. Mehr noch: »Die soziale Aufmerksamkeit, die innerhalb der Herde für effektives Handeln nötig ist, bringen an Menschen gewöhnte Schafe dann auch ihren zweibeinigen Mitwesen entgegen.« (Quelle: C. Dress: tiergestützte, siehe Seite 204)

Das dichte Schaffell ist ideal zum Fühlen und Begreifen.

Gerade bei Kindern mit Behinderung freuen wir uns jedes Mal über das sensible Gespür der Schafe im Umgang mit ihnen. Oft erkennen sie die Stimmungen der Kinder schneller als wir und reagieren entsprechend. Ist ein Kind zum Beispiel traurig, gehen unsere Schafe auf das Kind zu und stupsen es vorsichtig an, als wollten sie fragen: Was ist denn los mit dir? Kann ich dir helfen?

Sinnesleistungen und Ausdrucksverhalten

Gut hören, riechen und erinnern

Um die Reaktionen von Schafen vorherzusehen und angemessen reagieren zu können, sollten wir wissen, wie Schafe ihre Welt wahrnehmen. Wie Kühe haben auch sie querovale Pupillen. Diese sorgen zusammen mit der seitlichen Lage der Augen für eine Fast-Rundumsicht von etwa 290 Grad und ermöglichen es den Tieren beim Grasen, eine Gefahr früh zu erkennen. In punkto Farbtüchtigkeit und Wahrnehmung von Tiefenschärfe ähnelt das Schaf ebenfalls der Kuh (siehe ab Seite 37).

Schafe können gut hören und ihre Ohren unabhängig voneinander wie Radarschirme drehen. So können sie Geräusche genau lokalisieren. Hohe und laute Töne hören sie besonders gut. Deshalb gilt bei Schafen: ruhig bleiben und ruhig bewegen. Bitte nicht schreien oder laut pfeifen.

Schafe haben einen vielfältig ausgeprägten Geruchssinn und eine sensiblere Nase als Menschen. Damit erkennen sie Artgenossen und den eigenen Nachwuchs. Besonders interessante Gerüche wie Exkremente oder sexuelle Duftstoffe bringen

Schafe zum Flehmen: Beim Einatmen werden Geruchsstoffe am Gaumen entlang ins Jacobson-Organ geleitet, wo sie gleichzeitig gerochen und geschmeckt werden können. Das gelingt, wenn die Oberlippe die Nase verschließt. Mit ihrer sensiblen Nase merken sich Schafe stressige Situationen. War der letzte Besuch vom Hufschmied oder Tierarzt schmerzhaft, erinnert sich das Schaf an den Geruch seines »Peinigers« und verhält sich entsprechend. Unsere Schafe werden schon unruhig, wenn sie die Schritte des Tierarztes nur hören. Auch in der Tiergestützten Intervention gilt: unangenehme Situationen vermeiden, denn Schafe merken sich, wer ihnen weh getan hat, und wenden sich dann bei der nächsten Begegnung ab.

Schafe können süße, saure, salzige und bittere Geschmacksrichtungen in der Nahrung erfassen. Welche Leckerlis sie am liebsten mögen, ist individuell unterschiedlich. Unsere Schafe zum Beispiel lieben trockene Brotstückchen, aber auch Apfelstücke oder Rübenschnitzel.

Tiersprache und Mimik

Schafe sind stille Dulder

Das Ausdrucksverhalten von Schafen ist sehr merkmalsarm und kaum zu deuten. Selbst ihren Schmerz schreien Schafe niemals heraus. Das verpflichtet uns, besonders achtsam mit ihnen umzugehen und genau hinzuschauen und hinzuhören.

Wenn sich Schafe freuen, springen und rennen sie und können dabei sogar Bocksprünge machen. Das »Mäh« klingt dann laut, hell und wiederholt sich. Entspannte Schafe legen sich gerne mit unterschlagenen Beinen in die Brustlage. Oft sind dann die Augenlider halb geschlossen, sodass ihr Blick wie entrückt wirkt. Desinteressierte Schafe wenden sich ab und gehen weg. Sind Schafe ängstlich, stampfen sie mit den Vorderläufen und richten den Vorderkörper auf. Aus dem hellen »Mäh« wird dann ein lang gezogenes Blöken. Verstärkt sich die Angst, wird das Blöken schriller und die Schafe ergreifen panisch die Flucht. Sie fliehen dann dicht gedrängt zum Herdenzentrum.

So sieht ein entspanntes Schaf aus.

Aggressive Schafe legen ihre Ohren flach nach hinten an, nehmen Anlauf und stoßen gezielt mit dem Kopf zu. Ein solches Aggressionsverhalten tritt zum Beispiel auf, wenn ein fremdes Tier, zum Beispiel eine Ziege, neu in die Herde kommt. Hormonell bedingt, fangen halbwüchsige Schafböcke bereits ab einem Alter von etwa vier Monaten an zu stoßen. Ab diesem Zeitpunkt sind Schafjungen für die Tiergestützte Intervention tabu oder müssen kastriert werden. Bei Kontakten mit Kindern haben wir dieses Verhalten zum Glück noch nie beobachtet.

Für wen und warum Schafe?

Ein Tier für viele Fälle

Auf den ersten Blick wirken Schafe vielleicht langweilig. Sie erfreuen uns nicht wie Schweine mit ihrem munteren Wesen, fesseln uns nicht mit Kunststücken wie Ziegen und imponieren uns nicht mit ihrer Größe wie eine Kuh. Bei der praktischen Arbeit zeigte sich jedoch, dass sich Schafe hervorragend für Kinder mit Handicap eignen. Mit ihrer dichten Wolle ermöglichen sie gerade Kindern mit einem schwach entwickelten taktilen Sinn, diesen zu schärfen. Denn ihr dicker Wollmantel schützt sie – anders als beispielsweise Ziegen – vor ungelenken Händen. Daher tolerieren die Wolltiere auch ein gröberes Anfassen der Kinder.

Außerdem sind Schafe bei der Kontaktaufnahme mit Kindern weder fordernd noch bedrängend. Die sanften Tiere nähern sich den Kindern ganz vorsichtig von hinten und beriechen erst einmal »das Fremde«. Erst dann folgen zarte Maulberührungen. Im Gegensatz zu Ziegen wissen Schafe genau, wo der Pullover aufhört und das »Menschenfell« anfängt. Deshalb sind sie ideal für ängstliche und unsichere Kinder. Da ein Schaf selbst bei Stress nicht beißt oder austritt, ist es das perfekte Tier für alle Menschen mit stärkerem körperlichen Handicap. Selbst Nahkontakte zu Kindern mit Sehbehinderung oder Schwerstmehrfachbehinderung sind nicht riskant.

Schafe können fast zaubern: Verkrampfte Hände …

… und Spannungen lösen sich.

Auch Schmusen kann die Muskulatur stärken, das Herz sowieso.

Schafe geben Silke Sicherheit

Silke leidet an einer Schwäche der Muskulatur. Deshalb ist sie wenig ausdauernd und belastbar. Auf dem Bauernhof verblüfft uns, wie unermüdlich sie beim Füttern hilft und mit welcher Energie sie immer wieder Kontakt zu den Tieren aufnimmt. In der Kleingruppe hat sie ausreichend Zeit für die Aufgaben und wenn nötig eine helfende Hand. So kann sie Erfolgserlebnisse sammeln. Das steigende Selbstvertrauen trägt nach und nach zu einem (selbst-)sicheren Auftreten bei. Am meisten Kraft geben ihr die Schafe.

Die liebevollen Berührungen von Fritz geben immobilen Kindern neue emotionale Impulse.

Mensch und Tier können sich direkt ins Auge sehen …

… und sind füreinander greifbar.

Hinzu kommt, dass Schafe eine optimale Größe haben, um Menschen im Rollstuhl auf Augenhöhe zu begegnen. So gelingen auch dort innige Kontakte.

Darüber hinaus locken Schafe Kinder mit emotionalen Störungen aus der Reserve und geben unsicheren Kindern Kraft und Selbstbewusstsein.

Überhaupt sind Schafe sehr soziale Wesen. Das einzelne Tier passt sich perfekt an die Gruppe an, liebt und lebt die Gemeinschaft. Von diesem starken Wir-Gefühl und Urvertrauen in der Herde können die Kinder soziales Verhalten lernen. Daneben ist es immer wieder erstaunlich, wie geduldig Schafe mitarbeiten und selbst große, laute Menschengruppen »ertragen« und manchmal sogar beruhigen.

Nicht zuletzt bietet die Verarbeitung der Wolle – das Waschen, Kämmen, Filzen oder Spinnen – unzählige Möglichkeiten, die feinmotorischen Fähigkeiten von Kindern zu schulen (siehe ab Seite 170).

Am besten beim Wiederkäuen auf Fellfühlung gehen

Insgesamt sind Schafe zwar viele Stunden täglich mit Fressen beschäftigt, haben dann aber im Anschluss auch die pädagogisch und therapeutisch sehr gut nutzbare Zeit des Wiederkäuens, in der sie Ruhe, Zufriedenheit und Schmusebereitschaft vermitteln. Gerade in dieser Phase wirken sie beruhigend und ausgleichend auf ängstliche oder hyperaktive Kinder.

Im Stall vergisst Sascha seinen Frust

Sascha darf sich aufgrund eines Herzfehlers nicht überanstrengen. Bei körperlichen Aktivitäten muss er deswegen immer wieder Pausen einlegen. Für weitere Wege hat der Schüler immer einen Buggy dabei und muss dann wie ein Kleinkind gefahren werden. All das frustriert ihn. Oft ist er deshalb lustlos und genervt. Auf dem Hof hat er jedoch sehr viel Spaß am Tun. Misten, Stroh einstreuen, Tiere auf die Weide treiben – bei allen Arbeiten ist er mit Feuereifer dabei und vergisst im Kontakt mit den Tieren seine gesundheitlichen Probleme. Vor allem im Stall mit den Lämmern lebt er auf.

Lämmer lassen keine Nullbockstimmung aufkommen.

Dank Schafbock lernt Lukas Regeln einzuhalten.

Schafbock Leo akzeptiert Lukas

Lukas hat Schwierigkeiten, sich an Anweisungen und Regeln zu halten. Es fällt ihm schwer, soziale Kontakte aufzubauen und zu pflegen. Da er sich selbst nicht als »gehandicapt« akzeptieren kann, gelingt ihm dies auch nicht bei anderen. Auf dem Bauernhof kümmert er sich ganz selbstverständlich mit anderen Kindern um die Tiere und erfährt dabei, wie wichtig Absprachen und Regeln im Umgang mit Bauernhoftieren sind. Besonders dem Schafbock Leo öffnet er sein Herz. Dieser nimmt ihn so an, wie er ist.

Tiergerechte Einsatzmöglichkeiten

Mit Schafen lässt sich ganz viel schaffen

Zu den tiergerechten Einsatzmöglichkeiten von Schafen gehört es, ihr Sozialverhalten zu beobachten. Da unsere Schafe jährlich Nachwuchs haben, erleben die Kinder immer wieder die enge Mutter-Kind-Beziehung. Außerdem helfen die Kinder dabei, die Schafe zu versorgen: zu füttern, zu misten und zu pflegen. Besonders im Frühjahr, wenn die Schafe ihr Wollkleid verlieren, ist jede helfende Hand willkommen.

Aber auch bei der Weidepflege und Gestaltung des Geheges können die Kinder kräftig zupacken. Zum Beispiel haben wir während Projekttagen einen dreiseitig geschlossenen Unterstand gebaut und Informationsschilder gebastelt. Diese sollen andere Besucher aufklären, warum sie unsere Bauernhoftiere nicht füttern sollen. Mit den sanftmütigen Tieren sind freie Begegnungen und intensive Kontakte überall möglich. Während der Trächtigkeit sind wir Mutter und Lamm ganz nah gekommen. Wir haben regelmäßig den Bauchumfang der Mutter gemessen und haben versucht zu spüren, wie sich die Lämmer in ihr bewegen. Als sie auf der Welt waren, haben wir wochenlang ihr Wachstum gemessen und sie gewogen. Auch Mathe mit Schaf ist also möglich.

Mit Schafen sind intensive Nahkontakte möglich.

Das Schaf vermessen: Wie viele Zentimeter nimmt der Bauchumfang zu?

Spüren und hören: Wo sind die Lämmer im Bauch?

Schmusen gefällt Kind und Schaf.

Die alte Wolle muss raus: Das Schaf bekommt sein Sommerfell und wir bekommen Wolle zum Färben, Filzen und Spinnen.

Nach Recht und Gesetz
Schafe ordnungsgemäß halten

Die Schafhaltung unterliegt nach EU-Verordnung der Kennzeichnungs- und Registrierungspflicht. Schafhalter müssen ihre Tiere innerhalb der ersten neun Monate nach der Geburt mit herkömmlichen Sicht-Ohrmarken oder elektronischen Ohrmarken kennzeichnen (es sei denn, das Tier verlässt früher den Betrieb, dann muss es beim Verlassen des Geburtsbetriebes gekennzeichnet sein) und den Bestand beim örtlichen Veterinäramt und bei der Tierseuchenkasse anmelden. Daneben muss jedes Schaf bei der Schaf/Ziegen-Datenbank, der HIT-Liste (Herkunftssicherungs- und Informationssystem für Tiere), gemeldet werden. Alle Abgänge und Zugänge müssen in einem einzeltierbezogenen Bestandsregister dokumentiert werden. Weitere Hinweise zu Tierschutz und Tierrecht sowie rechtlichen Voraussetzungen finden Sie ab Seite 107 und ab Seite 204.

Richtig halten und ernähren
Magere Weide mit fett Platz

Als sozial lebende Tiere mit starkem Herdentrieb lassen sich Schafe nur in Gruppen halten. Einzelhaltung ist verboten. Daneben brauchen sie viel Platz. Die Tierärztliche Vereinigung für Tierschutz e. V. (TVT) gibt als Flächenbedarf mindestens 8 m² je Tier an, davon sollen 2 m² Stallfläche und 6 m² Laufbereich im Freien sein (siehe auch Seite 205). Die Weidefläche sollte mindestens 1500 m² für maximal fünf Tiere betragen. Auf einer großen Weide können die Tiere ihren Bewegungsdrang ausleben.

Auf der Weide sollten Bäume oder Sträucher stehen, denn Schafe leben ihr Komfortverhalten gerne an diesen oder anderen Scheuermöglichkeiten aus. Sie vertragen trockene Kälte gut, reagieren aber empfindlich auf Zugluft oder Feuchtigkeit. Hohe Temperaturen führen bei diesen Wolltieren schnell zu Hitzestress. Deshalb brauchen sie vor allem im Sommer und im Winter einen wetterfesten, zugfreien und mindestens dreiseitig geschlossenen Unterstand.

Schafe können auf einer geräumigen Weide gemeinsam mit Ziegen, Rindern oder Eseln stehen. Die Tiere müssen sich jedoch langsam und unter Aufsicht aneinander gewöhnen. Vor allem Ziegen und Schafe fechten die Rangordnung im Kampf aus. Das kann zu Verletzungen führen. Daneben gilt es auf einer von verschiedenen Tierarten gemeinsam genutzten Weide, ihre unterschiedlichen Ansprüche an die Futterbeschaffenheit zu berücksichtigen.

▶ Gras und Kräuter satt

Für Wiederkäuer wie Schafe ist Grünfutter wie Gräser und Kräuter die wichtigste Nahrungsquelle: Ein Schaf futtert im Schnitt rund 10 kg Gras pro Tag. Je nach Qualität der Weide werden drei bis fünf Mutterschafe mit ihrem Nachwuchs auf einem Hektar Weide satt. Hat das Futter schlechtere Qualität, zum Beispiel im Herbst oder in einem trockenen Sommer, werden entsprechend weniger Tiere satt.

Achtung: Junges, frisches Gras, zum Beispiel im Frühjahr oder nach dem Schnitt, ist sehr eiweißreich und rohfaserarm und kann zu Verdauungsproblemen führen. Dagegen vertragen Schafe mageres Futter wie älteres Gras viel besser. Auch Kraftfutter sollte nur sparsam und nur bei besonderer Belastung zugefüttert werden, zum Beispiel gegen Ende der Trächtigkeit oder bei Mutterschafen mit erhöhtem Nährstoffbedarf. Zu viel Kraftfutter kann den Pansen übersäuern und zu schwerwiegenden Krankheiten, im schlimmsten Fall zum Tod führen.

Bei der Tiergestützten Intervention gilt daher: Schafe lieben zwar hartes Brot und Getreideleckerlis, dürfen davon aber nur wenig bekommen. Unkontrolliertes Füttern ist unbedingt zu vermeiden. Da Schafe während der Trächtigkeit und Laktation mehr Mineralstoffe benötigen, sollten sie einen Schaf-Leckstein bekommen. Wie alle Tiere vertragen Schafe kein verschmutztes Wasser.

Hier gibt es zu viele Fresser für das leckere Fallobst. Das schmeckt der Eselstute gar nicht.

Co-Therapeut Ziege

Unser lebensfroher Lehrmeister

Von wegen »Meckerziege«

Was das Meckern anbelangt, landet die Ziege weit abgeschlagen hinter dem Menschen.

RUPERT SCHÜTZBACH

Besonders weiblichen Ziegen scheinen negative Eigenschaften auf den Leib geschrieben zu sein. Sie gelten als zickig, also launisch und eigenwillig. Möglicherweise stammt auch unser Adjektiv »kapriziös« – in der Bedeutung »sprunghaft« – vom lateinischen Namen für Ziege (capra) ab. Auf jeden Fall sind die Tiere auch neugierig, lernbegeistert und schlau. In der Tiergestützten Intervention gilt es, ihre Eigenheiten zu kennen und ihre Stärken herauszuarbeiten und zu nutzen.

Abstammung und Geschichte
Als Nutztier uralt und fast überall

Unsere heutigen Hausziegenrassen stammen alle von der noch wild vorkommenden Stammform der Bezoarziege ab. Diese lebte vor allem im Vorderen Orient von der Türkei bis Pakistan. Da diese Urziege eine begehrte Jagdbeute war, gibt es heute nur noch vereinzelte Bestände einer wild lebenden Unterart auf der Insel Kreta.

Die Domestikation der Bezoarziege erfolgte vermutlich bereits vor dem 11. Jahrhundert v. Chr. Schnell erkannten die Menschen den großen Nutzen der kleinen Wiederkäuer. Denn Ziegen kommen mit fast jedem Klima zurecht und sind wie Schafe sehr genugsam und robust. Deshalb konnten unsere Vorfahren sie leicht züchten und vermehren. So verbreitete sich die Ziege schnell nahezu weltweit und wurde zur »Kuh des kleinen Mannes«. Anfangs nutzten die Menschen nur ihr Fleisch und ihre Haut, später auch ihre Milch. Selbst als Zugtiere vor kleinen Wägen, Kutschen oder dem Pflug kamen Ziegen zum Einsatz. Heutzutage sind auch die weichen Haare bestimmter Ziegenrassen begehrt (Mohair, Kaschmir).

Wesen und Verhalten
Intelligent, aktiv und kampfeslustig

Ziegen sind sehr gesellig und leben innerhalb der Gruppe in einer sozialen Rangordnung. In jeder Herde gibt es ein älteres, erfahrenes Leittier. Die Rangordnung ist stärker ausgeprägt als bei Schafen. Dementsprechend kämpfen sie härter um die Vormachtstellung. Dabei stellen sich die Tiere auf die Hinterbeine und stoßen von oben herab mit ihren Köpfen zusammen.

Selbst bei unserer tiergestützten Arbeit mit kleinen Zicklein konnten wir schon solche »Machtkämpfe« beobachten. Diese Rangeleien begrenzen den Einsatz von Ziegen bei Kindern mit einem unsicheren Stand und ängstlichen Naturen. Außerdem sind Ziegen skeptisch gegenüber fremden Tieren, egal, ob es sich dabei um Artgenossen oder andere Tierarten, zum Beispiel Schafe, handelt. Kommt ein neues Tier in die Gruppe, bringt das Unruhe und Stress mit sich. Wer sichergehen will, sollte daher halbwüchsige Ziegenböcke, das heißt ab einem Alter von etwa vier Monaten, oder ausgewachsene Böcke gar nicht erst einsetzen. Auch die Hörner könnten Kinder verletzen. Daher bevorzugen wir genetisch hornlose Ziegen oder Ziegen mit nach hinten gebogenen Hörnern. Bei ihnen ist die Verletzungsgefahr gering. Allerdings möchten wir auf diese sehr bewegungsfreudigen, intelligenten und neugierigen Tiere nicht verzichten. Die munteren Wiederkäuer machen müde Menschen mobil. Sie klettern gerne und springen auf jeden erhöhten Gegenstand. Gerade diese Vorliebe lässt sich in der tiergestützten Arbeit nutzen: Kinderleicht ist es, ihnen kleine Tricks und Kunststücke beizubringen.

Ziegen erklettern wirklich alles, was sich anbietet: Was für Ziegen selbstverständlich und artspezifisch ist, verschafft den Kindern schnell Erfolgserlebnisse.

Sinnesleistungen und Ausdrucksverhalten
Alle Sinne auf Gefahr ausgerichtet

Als Fluchttiere sind Ziegen aufmerksame Beobachter: Auf der Hut vor Gefahren, nehmen sie fast jede Bewegung und fast jedes Geräusch wahr. Wie andere Fluchttiere – Kühe oder Schafe – haben Ziegen durch die seitlich am Kopf liegenden Augen ein weites Gesichtsfeld und nahezu eine Rundumsicht. Ihre viereckigen Pupillen können sich zu horizontalen Sehschlitzen verengen. Damit können sie Feinde in der Nähe und Ferne im Auge behalten.

Zwar können Ziegen Farben erkennen, aber nicht so gut wie wir Menschen. Dafür hören sie hohe und tiefe Töne sehr gut. Sie können ihre Ohrmuscheln unabhängig voneinander drehen, um eine Bedrohung sehr früh wahrzunehmen. Überhaupt scheinen sie einen sechsten Sinn für Gefahren zu haben. Biologen vom deutschen Max-Planck-Institut haben am Ätna nachgewiesen, dass Ziegen sogar drohende Vulkanausbrüche spüren können.

Geschmackssinn und Geruchssinn sind ähnlich ausgeprägt wie beim Schaf. Ziegen können Salzig und Bitter sowie Süß und Sauer unterschieden. Sie lieben Bitterstoffe und haben deshalb Äste, vor allem die Rinde, zum Fressen gern. Eine besondere Vorliebe hegen sie auch für Salziges. Deshalb lecken sie auch gerne unsere Haut ab.

Kopfhaltung:

Entspannte Ziege

Ängstliche oder gestresste Ziege

Aggressive Ziege

Schwanzhaltung:

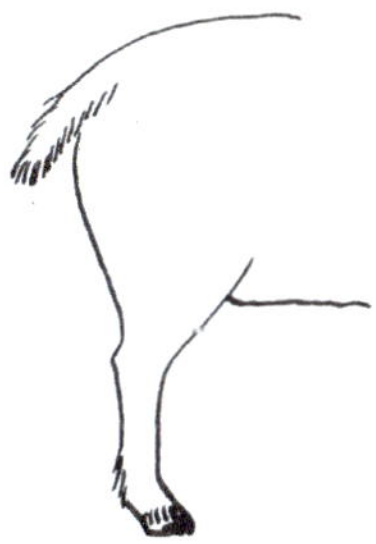

Entspannte Ziege

Gestresste Ziege

Aggressive Ziege

Tiersprache und Mimik

Ziegen meckern ganz verschieden

Das Ausdrucksverhalten von Ziegen ist ausgeprägter als das der Schafe: Ziegen kommunizieren mit verschiedenen Meckerlauten und haben viele weitere körperliche Ausdrucksmöglichkeiten. Dazu gehören die Stellungen des Schwanzes und der Ohren genauso wie das Aufstellen der Rückenhaare.

Sind Ziegen aggressiv, stellen sie die Nackenhaare auf. Dabei ist der Hals steil aufgerichtet.

Nähert sich ein Gegner, zum Beispiel ein »feindliches« Schaf, richtet sich die Ziege auf den Hinterbeinen auf und stößt kräftig und gezielt zu. Haben Ziegen Angst, ergreifen sie die Flucht. Dabei hört sich das Meckern sehr schrill an. Sind sie in der gemeinsamen Arbeit als Co-Therapeuten überfordert, entziehen sie sich Berührungen von Menschen und gehen weg. Ihr Meckern klingt dann höher. Laut meckernde Ziegen freuen sich oder begrüßen uns oder Artgenossen. Entspannte Ziegen liegen in Brustlage mit eingeschlagenen Beinen in erhöhter Position. Die Augen sind dann halb geschlossen, der Blick wirkt entrückt und sie kauen entspannt wieder.

Für wen und warum Ziegen?

Durchsetzen und Grenzen kennenlernen

Ziegen haben ein ausgeprägtes Komfortverhalten. Sie beknabbern und belecken sich gegenseitig und reiben ihre Stirnen aneinander. Für die Tiergestützte Intervention bedeutet dies, dass sich Ziegen liebend gerne von Menschen streicheln und liebkosen lassen, sofern sie dies von klein auf kennen (siehe ab Seite 95). Allerdings haben Ziegen im Gegensatz zu Schafen keinen Wollmantel, der sie vor ungelenken Händen schützt. Daher müssen wir beim Streicheln besser aufpassen und manchen Kindern bei der Handführung helfen, um den Ziegen nicht weh zu tun.

Umgekehrt sind Ziegen auch nicht gerade zimperlich. Sie nehmen sehr direkt Kontakt auf. Statt sich wie ein Schaf vorsichtig zu nähern und behutsam zu lecken, agieren sie viel fordernder und beknabbern alles. Dabei unterscheiden sie nicht, ob es sich um einen Rollstuhl, Schuhe, Haare oder gar um ein »Menschenfell« handelt. Mitunter kann diese mündliche Kontaktaufnahme auch einmal zwicken.

Auch sonst agieren die Tiere manchmal zu heftig. Zum Beispiel reibt unsere Ziege Strolchi sehr gerne ihren Kopf an Menschen, um zu markieren. Das kann bei Tiergestützten Interventionen mit unsicheren und ängstlichen Kindern sehr lästig sein. Für Schwerstmehrfachbehinderte eignen sich Ziegen nach unseren Erfahrungen daher nicht.

Da Ziegen sehr bewegungsfreudig sind, lieben sie gemeinsame Spaziergänge. Aber auch hier gilt es, klarzumachen, wer wen führt. Ansonsten endet der Ausflug schnell an der nächsten »Futterecke«.

Das Knabbern an den Haaren mag nicht jeder. Ängstlichen Kindern geht so viel Nähe zu weit.

Gassi gehen mit Ziegen macht Groß und Klein Freude.

Diese Ziege mag Mützen. Das Kind muss sich wehren. Das ist nicht immer so einfach.

Ziegen machen ihre Trainer froh und erfolgreich.

Ein Therapietier für Mutige und Unsichere

Ziegen wissen genau, was sie wollen, und lassen sich davon nur ungern abbringen. Einerseits macht diese Eigenwilligkeit sie zu guten Trainingspartnern für Kinder mit geringem Durchsetzungsvermögen. Wenn eine Ziege zum Beispiel Schnürsenkel oder Reißverschlüsse aufmacht oder andere unerwünschte Dinge tut, müssen die Kinder reagieren. Sie lernen dabei, klar Stopp oder Nein zu sagen und sich durchzusetzen. Allerdings sind hierbei viel Fingerspitzengefühl und ständige Aufsicht und eventuell Anleitung der Fachkraft gefragt.

Andererseits eignen sich die lebhaften Tiere auch für Kinder, die sehr viel Rückmeldung oder deutliche Reaktionen brauchen. Zum einen spiegelt sich ihr Verhalten in dem der Tiere. Zum anderen reagieren Ziegen schneller und deutlicher als andere Bauernhoftiere, wenn ihnen etwas nicht passt. In der Tiergestützten Intervention haben besonders aktive und bewegungsfreudige Kinder Freude an der Arbeit mit Ziegen. Die munteren Meckertiere machen einfach viel mit.

Wie Schafe verbringen auch Ziegen in der freien Natur sechs bis acht Stunden täglich mit Fressen. Genauso viel Zeit benötigen sie für das anschließende Wiederkäuen. In dieser Zeit ruhen die sonst so aktiven Tiere in sich und lassen gerne mit sich schmusen.

Dabei ermöglicht ihre überschaubare Körpergröße auch Menschen mit Rollstuhl oder Rollator Nahkontakte auf Augenhöhe.

Petra trainiert Ziegen und sich selbst

Petra ist ein sehr zurückhaltendes Mädchen, das kaum in Kontakt mit anderen tritt. Deshalb hat sie es sehr schwer in der Klassengemeinschaft. Sie kann nicht frei sprechen und antwortet meist nur mit Ja oder Nein. Ihre Bewegungseinschränkung macht sie unsicher und gehemmt. Es scheint, als wäre sie manchmal am liebsten unsichtbar. Im Laufe der Wochen auf dem Hof lernt sie, sich frei und entspannt zu bewegen. Will sie die Ziegen trainieren, muss sie den Tieren klare Anweisungen geben. In der Schule erzählt sie im Anschluss an den Bauernhofbesuch selbstbewusst, was sie auf dem Hof alles gemacht hat.

Allein mit Ja und Nein läuft bei Ziegen nichts. Petra lernt laut sprechen.

Tiergerechte Einsatzmöglichkeiten

Ziegen zuschauen, striegeln und trainieren

Wer Ziegen frühzeitig an ein entsprechendes Umfeld, regelmäßige Berührungen und behutsam an die verschiedenen Alltagssituationen mit Menschen gewöhnt, kann sie vielseitig einsetzen: Allein das Beobachten des Sozialverhaltens der aktiven Meckerer ist spannend und bietet Gesprächsstoff. Zum Beispiel, wenn sie ihre Rangordnung ausfechten: Gibt es in unserer Schulklasse auch Rangordnungen? Wie tragen wir Menschen Machtkämpfe aus? Wer das zärtliche Komfortverhalten der Tiere beobachtet, kann sich fragen, ob solche Streicheleinheiten nicht auch uns Menschen guttun würden.

Um die motorischen Fähigkeiten der Kinder zu fördern, bietet die Mithilfe bei der Versorgung der Ziegen eine Fülle von Möglichkeiten. Brot brechen zum Füttern, Schubkarre schieben beim Misten und die sanfte Fellpflege sind nur einige Beispiele. Auch freie Begegnungen im Stall und auf der Weide sowie intensive Nahkontakte sind möglich. Die Tiere spielen gerne beim Einüben verschiedener Hindernisläufe mit. Und Ziegentrekking geht fast immer.

Erstes Annähern auf der Weide

Beim Wiederkäuen können wir Ziegen ganz nah kommen.

Kinder können mit Ziegen leicht Hindernisläufe einüben. Nebenbei trainieren sie dabei sich selbst.

Ziegen können vom Brot nicht abbeißen, es zu zerkleinern, erfordert von Kindern mit Handicap eine enorme Leistung.

Nach Recht und Gesetz

Ziegen ordnungsgemäß halten

Für die Ziegenhaltung gelten dieselben rechtlichen Grundlagen wie für das Halten von Schafen (siehe Seite 56).

Richtig halten und ernähren

Abwechslung ist gefragt

Der ursprüngliche Lebensraum unserer Hausziege ist das Hochgebirge. Ziegen sind deshalb wahre Kletterkünstler. Sie suchen nicht nur Futter über Kopfhöhe, sondern ruhen auch gerne an Orten über dem Boden, um Überblick über ihre Umgebung zu behalten. Daher sollten die Tiere genügend Klettermöglichkeiten haben. Dies können im Auslauf Steinhaufen, Baumstämme, Felsen und Ähnliches sein. Wenn möglich, sollte auch der Stall gut strukturiert sein, das heißt Klettermöglichkeiten auf verschiedenen Ebenen bieten. Eine artgerechte Ziegenhaltung geht nur in der Gruppe mit genügend Weidefläche. Ziegen benötigen ähnlich viel Platz wie Schafe: Die Tierärztliche Vereinigung für Tierschutz e. V. (TVT) empfiehlt je nach Tiergröße 2 bis 3 m² Stallfläche und 5 bis 8 m² Auflauf pro Tier (siehe auch Seite 205). Dazu kommt eine Weide von mindestens 1500 m² Fläche für drei bis fünf Tiere.

▶ Ziegen haben Bäume zum Fressen gern

Als Wiederkäuer können Ziegen selbst äußerst karge Nahrung verwerten. Im Gegensatz zur Kuh oder zum Schaf sind sie aber wählerischer und ernähren sich nicht »nur« von Gras. Kommt eine Ziege auf eine Weide, selektiert sie ganz genau. Zuerst frisst sie den Klee und die Kräuter, verschmäht aber auch die von anderen Tieren stehen gelassenen Reste nicht. Bäume und Sträucher müssen auf der Weide eingezäunt werden, denn Ziegen haben sie zum Fressen gern. Zunächst futtern sie die Zweige, Blätter und jungen Triebe, bevor sie an die Rinde der Bäume gehen. Ihre Beweglichkeit und Vorliebe für das besondere Grün machen Ziegen außerdem zu Ausbruchskünstlern. Sie können aus dem Stand bis zu 1,5 m hoch springen. Entsprechend höher muss der Zaun sein.

Im Winter ist Heu ihre Hauptnahrungsquelle. Der Speiseplan lässt sich mit frisch geschnittenen Zweigen oder Reisig bereichern. Als Leckerli zu Beginn des Ziegentrainings nutzen wir gerne geschnittene Triebe oder Zweige und in Ausnahmefällen auch kleine, harte Brotstückchen. Aber nur in Maßen und am Anfang. Ist die Ziege erst einmal auf den Trainingsgeschmack gekommen, reichen Lob oder Streicheleinheiten als Belohnung aus. Auf jeden Fall müssen wir eine Überfütterung oder unkontrollierte Futtergabe durch unsere Klienten verhindern. Um ihren Bedarf an Mineralstoffen und Spurenelementen zu decken, sollte man ihnen einen Ziegen-Leckstein anbieten.

So machen Bewegungsübungen Spaß.

Ziegen machen Jan mobil

Jan liebt die Ziegen. Allein schon deshalb, weil sie immer wieder nach seinem Bayernschal schnappen. Das findet der junge Fußballfan richtig lustig. Der Zehnjährige hat eine angeborene spastische Körperbehinderung. Doch bei den Ziegen mobilisiert er all seine Energien. Schließlich gehen die verspielten Tiere gerne mit ihm auf Tuchfühlung. Wenn Jan auf die Weide geht, laufen ihm die Ziegen hinterher. Oder umgekehrt. Das ist wie Fangen spielen. Nur einen Gang langsamer.

Bei den Ziegen vergisst Susanne ihren Dauerhunger

Susanne hat das Prader-Willy-Syndrom. Das heißt: Sie hat permanent Hunger. So fällt es ihr schwer, das harte Brot für die Tiere zu brechen und die Äpfel zu schneiden, ohne selbst davon zu naschen. Doch während sie sonst auf Überforderung gereizt reagiert oder sich gar selbst verletzt, ist sie bei den Ziegen ausdauernd und vergisst ihren Hunger. Obwohl sie mit ihrer Behinderung ihre Kraft und Bewegungen nicht richtig dosieren kann, versucht sie immer wieder, wie Ziegen auf Baumstämmen zu balancieren.

Ziegen sind ständig am Klettern. Das spornt Kinder mit Bewegungseinschränkungen an.

Co-Therapietier Huhn

Idealer Interaktionspartner

Von wegen »blindes Huhn«

Man sieht nur mit dem Herzen gut.
Das Wesentliche ist für das Auge unsichtbar.

ANTOINE DE SAINT-EXUPÉRY

In unseren Erzählungen und Bildern kommen Hühner oft schlecht weg. Ein Mensch, der sich wie ein kopfloses oder aufgescheuchtes Huhn verhält, agiert – gelinde gesagt – unklug. Hühner gelten als schreckhaft und dumm. Vielleicht haben sie deshalb bei uns vielfach nichts mehr zu lachen. Klug eingesetzt, können sie unseren Kindern ganz viel beibringen.

Abstammung und Geschichte
Vom Ziertier zum Eierfabrikanten

Unsere heutigen Haushühner stammen vom Bankivahuhn ab. Diese Wildhuhnart lebt heute noch frei in Südostasien. Unsere Urhühner lebten in lichten Wäldern in kleinen Gruppen mit strenger Hackordnung: immer eine Damengruppe mit ihrem Hahn. Wie die meisten Vogelarten legten sie einmal oder zweimal pro Jahr Eier. Schon vor etwa 4000 Jahren fingen die Menschen an, aus dem Bankivahuhn ein Haushuhn zu züchten. Ausgrabungsfunde legen nahe, dass die ersten domestizierten Hühner nicht zum Essen gehalten wurden, sondern vor allem für Hahnenkämpfe. In den meisten Ländern sind diese grausamen Wettkämpfe heute glücklicherweise verboten.

In vielen prunkvollen Gärten waren Hühner eine Zierde und ein Zeichen für Wohlstand: je ausgefallener die Rasse, desto reicher die Besitzer. Von dieser großen Verehrung ist heute leider kaum etwas übrig geblieben. Das Käfighuhn ist das Symbol für die industrielle Massentierhaltung schlechthin. Ein auf Eierproduktion gezüchtetes Individuum einer Legerasse legt bis zu 300 Eier im Jahr. Die konventionellen Masthähnchen sind in durchschnittlich 36 Tagen schlachtreif.

Wesen und Verhalten
Von Natur aus ängstlich und tagaktiv

Hühner haben einen sehr großen Bewegungsdrang und ein stark ausgeprägtes Erkundungs- und Komfortverhalten. Nach dem Eierlegen am Vormittag und einer geruhsamen Mittagspause gehen sie vor allem nachmittags auf Nahrungssuche. Dabei spazieren sie – sofern wir sie lassen – immer der Sonne nach rund um ihren Schlafplatz. Da sie im Dunkeln kaum etwas sehen, müssen sie bei Sonnenuntergang ihren sicheren Ort zum Schlafen aufsuchen: Wildhühner auf einem Ast, Haushühner auf ihrer Sitzstange im Stall.

Ein Platz auf der Schulter erleichtert die Kommunikation zwischen Mensch und Tier.

Hühner sind eine begehrte Beute für andere Tiere. Sie schützen sich, indem sie sehr wachsam sind und selbst bei kleinsten Erschütterungen flüchten. Dieser überlebenswichtige Fluchtreflex erschwert uns Menschen – aus Hühnersicht Jägern – die Arbeit mit ihnen. Wer Hühner als Co-Therapeuten einsetzen will, muss diese natürliche Barriere, diese Urangst, mit viel Liebe und Geduld überwinden. Dies gelingt am besten durch die

Mit Hühnern lässt sich in der Tiergestützten Intervention viel anfangen.

Handaufzucht im frühen Kükenalter. Werden Küken direkt nach dem Schlüpfen auf den Menschen geprägt, sind sie als Hühner an ihn gewöhnt, sitzen gerne auf unserem Schoß oder unserer Schulter und lassen sich streicheln.

Nur wer sich einfühlsam und entspannt verhält, hat ein Huhn im Arm, das nicht zetert und flattert, sondern sich locker und weich anschmiegt. Weder mit Kraft noch mit List und Tücke lässt es sich zum Kuscheln verleiten.

Lotta kommt den Hühnern näher: zunächst in der Hocke, dann auf dem Arm.

Hühner ermuntern Lotta

Lotta hat große Probleme, ihr Handeln zu planen und aktiv zu werden. Es fällt ihr schwer, unbekannte Probleme selbstständig anzugehen und Neues zu meistern. Auf dem Bauernhof hilft sie eifrig mit: Vor allem Hühner zu füttern und Eier zu sammeln, macht ihr viel Spaß. Immer wieder entdeckt sie Hühnerfedern. Auf ihr erstes selbst gesuchtes und als Spiegelei gebratenes Ei ist sie sehr stolz. Als sie zum ersten Mal ein Huhn auf den Arm nimmt, weiß sie nicht so recht, wie sie es halten soll. Doch als sich das Huhn anschmiegt, vergisst sie ihre Zweifel. Nach ein paar Wochen kann sie Hühner ohne Hilfe hochnehmen.

Sinnesleistungen und Ausdrucksverhalten

Viel sehen und gut hören

Unsere vermeintlich dummen Hühner verfügen über ein erstaunlich vielfältiges Spektrum an Sinnesleistungen und Ausdrucksverhalten, das sich aus ihrer Herkunft erklärt. Ursprünglich lebte das Federvieh im Unterholz sowie am Waldrand. In diesem unübersichtlichen Gelände ist es überlebenswichtig, gut zu sehen und zu hören: Hühner sind wie andere Vögel Augentiere. Ihre Augen sind im Verhältnis zum Kopf relativ groß. Durch die seitliche Anordnung der Augen haben sie fast einen Rundumblick von 360 Grad. So entgeht ihnen kaum ein von oben oder hinten kommender Feind. Dagegen können sie nur in einem kleinen Winkel von 30 Grad räumlich sehen und Entfernungen abschätzen. Hühner sind kurzsichtig: Objekte, die mehr als 50 m entfernt sind, können sie nicht erkennen. Dies versuchen sie durch häufiges Kopfwenden auszugleichen. Sie können Farben wahrnehmen, wobei sie warme Rot-Gelb-Töne besser sehen.

Hühner haben zwar keine sichtbaren Ohren mit Ohrmuscheln, hören aber trotzdem hervorragend. Ihre relativ kurzen Gehörgänge sind mit kleinen Federn geschützt. Sichtbar sind nur die kleinen Ohrläppchen, auch Ohrscheiben genannt. Je nach Rasse sind diese verschiedenfarbig. Feine Vibrationsorgane in den Beinen unterstützen ihr Gehör zusätzlich. Sie spüren förmlich jede Annäherung.

Die Verständigung untereinander ist fein nuanciert und besser ausgeprägt als bei den meisten anderen Nutzgeflügelarten. Man kennt bei ihnen mehr als dreißig verschiedene Lautäußerungen. Ihre hohe kommunikative Kompetenz lässt sich in der tiergestützten Arbeit gut nutzen. Hühner erkennen schnell die Stimme, das Pfeifen oder die Schritte ihres Betreuers und können diese von denen anderer Menschen unterscheiden. Mit vertrauter Stimmlage oder vertrautem Rufen lassen sie sich leicht locken.

Lange Zeit ging man davon aus, dass Hühner schlecht riechen können. Erst 2008 entschlüsselten Forscher des Max-Planck-Institutes für Ornithologie das Genom der Tiere und erkannten, dass Hühner sehr wohl einen Geruchssinn haben, wenn auch nicht so ausgeprägt wie derjenige des für seine Spürnase bekannten Hundes.

Deutlich dürftiger ist ihr Geschmackssinn. Während Enten rund 200, Menschen etwa 10 000 und Schweine um die 15 000 Geschmacksknospen haben, müssen sich Hühner mit 25 begnügen. Das reicht aber, um das aufgenommene Futter auf Essbarkeit zu kontrollieren und Süß, Sauer, Salzig und Bitter zu unterscheiden. Werden Hühner in der tiergestützten Arbeit gefüttert, sollte das Futter am besten schnabelgerecht zubereitet sein. Das ist bei diesen Allesfressern wichtiger als das, was verfüttert wird. Unsere Hühner schätzen gekochte Kartoffeln, Nudeln, Reis, aber auch allerlei Beeren und Gräser. Um auf Nummer sicher zu gehen, schlagen sie die Nahrung mit dem Schnabel auf und testen sie.

Tiersprache und Mimik

Warum Hühner verschieden gackern

Hühner sind Herdentiere. Dabei leben sie in einer streng hierarchischen Ordnung. Bis diese Rangordnung ausgefochten ist, kann sogar Blut fließen. Ein Großteil der Körpersprache lässt sich bei kleineren und größeren Auseinandersetzungen im Hühneralltag beobachten. Vor allem die Flügel sprechen eine deutliche nonverbale Sprache: Schlägt der Hahn seine Flügeldecken klatschend über dem Rücken zusammen, stellt er seinen Revieranspruch und Rang gegenüber den Artgenossen klar. Überlegenheit demonstriert er auch mit dem sogenannten Kratzfuß. Dabei stolziert er mit etwas gesenktem Kopf und steifen Schritten um die Henne herum. Solche Überlegenheitsgesten lassen sich auch bei Hennen beobachten.

Hühner kuscheln gerne zusammen.

Droht ein Hahn, stellt er sich seitlich zum Kontrahenten (das kann auch der Mensch sein!), hebt die Schulter an und wendet sie samt Schwanz auf die Seite des »Feindes«. Bei diesen Signalen sollten sich die Kinder langsam vom Tier zurückziehen und ihm eine Erholungspause gönnen. Aggressive Hennen richten sich ebenfalls auf, strecken den Hals und spreizen das Schwanzgefieder und Halsgefieder weit von sich. Dann ist besondere Vorsicht geboten.

Ängstliche Hühner rennen davon und suchen Deckung. Im Versteck fallen sie in eine Art Schockstarre. Nur nicht rühren, damit kein Feind sie entdeckt. Entspannte Hühner nehmen ein Sandbad, pflegen ihre Federn oder zeigen anderes Komfortverhalten.

Entspannter Hahn bei der Federpflege

Aufmerksamer, zugewandter Hahn

Drohender, aggressiver Hahn

Hühnersprache heißt krähen, schreien, gurren

Die akustische Kommunikation spielt bei Hühnern eine große Rolle. Mit ein bisschen Übung lassen sich die unterschiedlichen Laute am Klang unterscheiden. Die wohl bekannteste Lautäußerung ist das Krähen: Der Hahnenschrei am frühen Morgen stellt den Herrschaftsanspruch klar oder ruft auf Abwege geratene Hennen zurück zur Gruppe. Wenn Hühner aufgeregt sind, klingt ihr Gackern abgehackt. Naht ein Feind in der Luft, warnen sie sich gegenseitig und gackern immer aufgeregter. Bei ernsthafter Bedrohung stößt der Hahn laute Warnschreie aus. Ist die Gefahr vorbei, wird das Gackern wieder rhythmischer und klingt dann ähnlich wie das ruhige Legegackern. Wenn Hühner Angst haben oder Schmerz empfinden, weil sie beispielsweise grob gepackt und gefangen werden, stoßen sie Wehlaute aus, die sehr abgesetzt und gellend klingen. Dagegen gurren entspannte Hühner sanft wie Tauben.

Für wen und warum Hühner?
Wo quirlige Kinder zur Ruhe kommen

Hühner bieten uns eine wahre Fülle an Reizen und Sinneserfahrungen: Sie lassen sich auditiv, haptisch, olfaktorisch und visuell erleben. Ihr Federkleid ermöglicht Streichelerlebnisse, die sich deutlich vom kuscheligen Fell anderer Bauernhoftiere abheben. Aber auch den harten Schnabel, die rauen Füße und den Kamm zu fühlen, lohnt sich und sorgt für Gesprächsstoff.

Hühner fördern nicht nur die Sinne, sondern auch die Kommunikation. Da sie gut auf Ansprache reagieren und ihrem Gegenüber direkt in die Augen sehen, können sich Kind und Huhn unmittelbar verständigen.

Mit Henne und Hahn auf Tuchfühlung

Körnerpicken zwickt etwas, macht aber Freude.

Aug in Aug mit dem Huhn

Einfach Eiersuchen: Auf dem Bauernhof ist alle Tage Ostern.

Da kommt keine Langeweile auf: Bei Hühnern ist immer etwas los.

Dank ihres authentischen Wesens sind Hühner ideale Partner in der Tiergestützten Interaktion. Sie spiegeln ihr Gegenüber exakt. Sind die Kinder zu laut oder zu grob, reagieren die Tiere sofort mit ängstlichem Gackern oder mit Flucht. So bekommen die Kinder schnell eine Rückmeldung, ob ihr Verhalten dem Tier gegenüber angemessen ist. Um die Bedürfnisse des Tieres zu erkennen und zu akzeptieren, brauchen die Kinder viel Empathie und soziale Kompetenz. Nach unseren Erfahrungen nehmen sich selbst unruhige, ungeduldige oder unkontrollierte Kinder zurück, um ein Huhn einmal streicheln oder halten zu können. Nur wer sich beim Huhn ruhig und berechenbar verhält, kann eine Beziehung aufbauen, echte Nähe spüren und eine für Mensch und Tier beglückende Erfahrung machen. Schüchterne, zurückhaltende Menschen fasziniert das Federvieh ebenfalls. Sie bekommen meist schnell Kontakt zu den vorsichtigen Tieren.

Allein schon das Beobachten, wenn Hühner eifrig im Boden scharren, ihren Alltag leben, reicht aus, um Kinder zu fesseln und zu erfreuen. Für Lebensfreude und Gesprächsstoff sorgt auch die vielfältige Kommunikation der Hühner untereinander, ihr Krähen, Glucksen, Gackern und Gurren. Das fröhliche Gegacker belebt alle und muntert besonders in sich gekehrte Kinder auf.

Besonders spannend ist es für Kinder, Eier einzusammeln.

Daneben bieten Hühner Ideen und Lernstoff für viele verschiedene biologische und gesellschaftliche Themen: von der artgerechten Tierhaltung bis zur eigenen Ernahrung.

Küken machen Jan flügge

Jan ist ein offener und fröhlicher Junge. Nur auf unbekannte Ereignisse reagiert er schüchtern und zurückhaltend. Aufgrund seiner Sprachschwierigkeiten kann er sich nur schwer verständlich machen. Auf Nachfragen schweigt er häufig. Auf dem Bauernhof faszinieren den Schüler besonders die Küken: Die Hühnerkinder können ganz allein, ohne Mutter, aus dem Ei schlüpfen und sofort selbstständig nach Futter picken. Begeistert nimmt er die Küken immer wieder auf den Arm, streichelt ihren Flaum und schneidet für sie Nudeln in mundgerechte Stücke. Schon bald fühlt er sich auf dem Hof sicher und angenommen. Mit der Zeit wird er mitteilungsfreudiger und erzählt selbstbewusst von seinen schönen Erlebnissen.

Wow! Wie sich die Küken durch die harte Schale picken! Woher wissen die nur, wie das geht?

Tiergerechte Einsatzmöglichkeiten
Hühner sind von klein auf spannend

Zu den tiergerechten Einsatzmöglichkeiten von Hühnern gehört es, ihr Sozialverhalten zu beobachten. Beim Eierausbrüten im Brutapparat können die Kinder genau sehen, wie das Küken selbstständig aus dem Ei schlüpft (siehe Seite 177). Außerdem können sie ganz viel helfen, die Hühner zu versorgen: zu füttern, zu misten und Eier einzusammeln. Bei der Weidepflege und Gestaltung des Geheges sind Kinderhände ebenfalls gefragt. Zum Beispiel haben wir den Hühnern ein Sandbad und verschiedene Klettergerüste gebaut sowie im Freigehege verschiedene Sträucher angepflanzt (siehe ab Seite 181). Natürlich können die Kinder mit Hühnern auch Freundschaften schließen: Intensive Nahkontakte mit Streicheleinheiten sind möglich.

Nach Recht und Gesetz
Hühner ordnungsgemäß halten

Auch bei der Hühnerhaltung gilt: Wer Hühner für den sozialen Einsatz ausbilden oder einsetzen will, muss über die nötige Sachkunde und tierschutzrechtliche Haltungseinrichtungen verfügen. Die Haltung von Hühnern ist dem örtlichen Veterinäramt als zuständiger Behörde und der Tierseuchenkasse zu melden. Den behördlichen Vorschriften unterliegen auch unsere Co-Therapeuten: Beispielsweise müssen beim Auftreten von Vogelgrippe auch sie in den Stall. Da Hühner häufig koten, sollten wir die Kinder und uns schützen, zum Beispiel ein altes Hemd überziehen und es danach waschen. Selbstverständlich waschen wir uns nach jedem Besuch gründlich die Hände. Weitere Hinweise zu Tierschutz und Tierrecht sowie rechtlichen Voraussetzungen finden Sie ab Seite 107 und ab Seite 204.

Richtig halten und ernähren
Hühner wollen klettern und scharren

Als Herdentiere lassen sich Hühner nicht einzeln halten. Optimal ist es, wenn ein Hahn auf sechs bis acht Hennen kommt. Eine Henne allein reicht einem Hahn auf keinen Fall aus. Ob eine Henne glücklicher mit oder ohne Hahn ist, können wir nicht beurteilen. Hühner legen auf jeden Fall auch ohne männliche Begleitung Eier, die dann allerdings nicht befruchtet sind und auch nicht ausgebrütet werden können.

Um ihren Bewegungsdrang ausleben zu können, benötigen Hühner einen Auslauf. Dort sollte es sowohl Büsche als Schattenspender als auch andere Gegenstände wie Baumstämme, Kletterstangen oder Steine geben. Da Hühner im Boden scharren, sollte der Auslauf entsprechend groß sein. Sonst wird die Wiese schnell zum Acker. Zur Gefiederpflege brauchen sie einen überdachten, trockenen Platz mit einem Sandbad.

Hühner beruhigen den stürmischen Thorsten

Thorsten ist »verhaltensoriginell«. Dieser Fachbegriff meint, dass er immer unterwegs ist, weder ruhig sitzen noch still sein kann. Nichts geht ihm schnell genug. In der Schule sitzt er häufig auf seinen Händen, weil diese sonst immer machen, was sie wollen. Das ist anstrengend für ihn und seine Mitschüler. Bei den Hühnern merkt Thorsten schnell, wie schwierig sein Verhalten für andere ist: Kommt er angestürmt, rennen die Hühner panisch weg. Weil er jedoch auch unbedingt ein Huhn auf dem Arm halten will, gibt er sich maximale Mühe, versucht, ruhig zu werden und still zu sitzen. Nach und nach nähern sich die Hühner und es gelingt ihm immer leichter, ein Huhn aufzunehmen, zu halten und zu streicheln. Solch ruhige Momente durchzuhalten, sind eine Höchstleistung für ihn.

Hahn Henry verlangt eine ruhige Hand.

Heute füttern wir italienisch: Spaghetti sind fast so lecker wie Regenwürmer.

Die Tierärztliche Vereinigung für Tierschutz e. V. (TVT) empfiehlt, pro Quadratmeter Stallfläche höchstens zwei normal große Hühner oder vier Zwerghühner zu halten (siehe auch Seite 205). Zusätzlich braucht jedes Tier einen Auslauf von 20 m^2 (fünf Hühner auf 100 m^2) sowie 25 cm Platz auf der Sitzstange. Bei zu geringer Grundfläche, zum Beispiel, wenn das Federvieh bei Vogelgrippe nicht aus dem Stall darf, lässt sich das Platzangebot im Stall auf mehrere Ebenen erweitern.

▶ Ein hoher Zaun muss sein

Die Flugfähigkeit von Hühnern ist dürftig. Trotzdem brauchen sie je nach Rasse einen 1,80 bis 2,50 m hohen Zaun, der etwa 20 cm tief im Boden eingegraben sein sollte. Geht es um die Fütterung von Hühnern, scheiden sich die Geister. Die einen füttern streng nach Nährwerttabellen, andere aus dem Bauch heraus vor allem Reste aus der Küche. Die dritten füttern ihre Hühner das ganze Jahr mit Fertigfutter aus dem Handel. Grundsätzlich gilt: Hühner sind zwar Allesfresser, aber Verschimmeltes oder Verdorbenes ist grundsätzlich tabu.

Am einfachsten ist es, Alleinfutter aus dem Handel zu füttern. Viele Hersteller bieten entsprechend den Bedürfnissen und dem Alter der Hühner Alleinfutter-Mischungen für Küken, Junghennen und Legehennen an. Dabei gilt die Faustregel: Eine durchschnittliche Legehenne benötigt etwa 120 g Hühnerfutter am Tag. Nur wer seinen Hühnern viel Auslauf und damit Nahrungsfläche bietet, kann die Futtermenge etwas reduzieren. Auf einer artenreichen Wiese finden die Hühner pflanzliche Nahrung aller Art und tierisches Eiweiß in Form von Würmern, Larven und anderen Insekten. Energiereiches Futter wie Brot sollten die Tiere nur in Maßen bekommen, damit sie nicht verfetten oder erkranken. Lediglich während der Mauser, ihres Federwechsels, haben sie einen erhöhten Nährstoffbedarf.

Beim Bauen des Sandbades hilft jeder, so gut er kann …

… ebenso bei der Hühnerleiter.

Hühner wollen hoch hinaus. Ein Klettergerüst kommt ihren Bedürfnissen entgegen.

Das Klettergerüst ist fertig.

Co-Therapeut Esel

Geduldiges Multitalent

Von wegen »sturer Esel«

Die Liebe hat zwei Töchter: die Geduld und die Güte.

SPRICHWORT

»Esel sind doch viel zu störrisch, um mit ihnen pädagogisch und therapeutisch zu arbeiten«, lautet ein weit verbreitetes Vorurteil. Dabei sind die sanftmütigen Langohren gute Partner für Kinder mit Handicap. Sie bleiben stets ruhig, begleiten uns gerne und tragen unsere Lasten. Um ihr Wesen zu erfassen, muss man ihre Herkunft kennen.

Abstammung und Geschichte
Historisch genügsam

Esel sind Herdentiere und leben in lockeren Gruppenverbänden ohne strikte hierarchische Ordnung. Unser heutiger Hausesel stammt von Wildeselrassen ab, die im siebten bis sechsten Jahrtausend vor Christus im Norden Afrikas lebten. Mit ihren schmalen Hufen bewegten sie sich trittsicher in kargem, steinigem und hügeligem Gelände. In den trockenen, bergigen Gebieten fanden sie nicht jeden Tag Wasser und frisches Grün. Ihre großen Ohren bezeugen ihre Herkunft aus heißen Regionen. Wie Wüstenfüchse und Elefanten können sie damit viel Wärme abgeben. Aus diesem unwirtlichen Lebensraum resultiert ihre Anspruchslosigkeit an die Nahrung, Haltung und Pflege.

Ab 4000 v. Chr. begannen Menschen in Nordafrika und Südeuropa, den afrikanischen Wildesel zu domestizieren. Schon sehr früh waren Esel Lastenträger und Zugtiere. Erst später nutzten die Menschen ihr Fleisch, ihre Haut und Milch, vor allem im Süden und Osten Europas. Im Gegensatz zu anderen Nutztieren ist die Rassezucht bei Eseln unbedeutend: Weltweit gibt es nur etwa dreißig Eselrassen. Die meisten stammen aus Frankreich. Darunter der für sein zotteliges Fell bekannte, schwere Poitou.

Wesen und Verhalten
Erst überlegen, dann handeln

Zwar zählen Esel stammesgeschichtlich zu den Pferdeartigen (Equiden), stürmen aber bei Gefahr anders als Pferde nicht panisch davon. Denn eine »kopflose« Flucht hätte in ihrem bergigen Lebensraum vermutlich den sicheren Tod bedeutet. Die lebensfeindliche Umwelt hat das Verhalten der Wildesel geprägt, und sie lebt in unseren heutigen Hauseseln weiter: In unbekannten Situationen oder bei Angst neigen sie dazu, erst einmal kurz abzuwarten. Genau dieses Verhalten macht den Esel für die pädagogische und therapeutische Arbeit so wertvoll: Gerade bei Kindern mit Behinderung kommt es immer wieder zu plötzlichen Reaktionen und Bewegungen, ungewöhnlichen Geräuschen, Wut- und Aggressionsausbrüchen, Freudenschreien oder epileptischen Anfällen. Während andere Tiere sofort die Flucht ergreifen würden, bleiben Esel stehen und prüfen erst einmal die Lage. Eselunkundige interpretieren dieses Verhalten vorschnell als dumm und störrisch. Wir Fachkräfte freuen uns dagegen über diese Bedächtigkeit, macht sie die Tiere doch zu berechenbaren Partnern.

Überhaupt sind Esel ruhige Zeitgenossen. Selbst beim Atmen, Schnauben und Prusten sind sie leiser als Pferde. Diese Ruhe und Gelassenheit übertragen sich auf die Kinder. Wer eine Eselgruppe beobachtet, merkt, dass die Tiere dicht zusammenstehen. Esel suchen und brauchen die Nähe von Artgenossen zum Fellkraulen und Kopfauflegen. Diese Verhaltensweise zeigen sie auch gegenüber Menschen. Der Wunsch nach Nähe lässt sich bei einem gut sozialisierten Esel ohne Angst verwirklichen.

Sinnesleistungen und Ausdrucksverhalten
Luchsohren und klare Körpersprache

Esel besitzen riesige Ohren. Diese ermöglichen ihnen ein überdurchschnittlich gutes und empfindsames Gehör, vor allem im hohen Frequenzbereich. Das Hörspektrum des Esels ist unserem weit überlegen. Um ein Geräusch zu lokalisieren, können die Tiere beide Ohrmuscheln unabhängig voneinander um 180 Grad drehen. So lässt sich eine Gefahr rechtzeitig erkennen. Wie Kühe, Schafe und Ziegen sehen auch Esel nicht besonders scharf. Dafür nehmen sie selbst kleinste Bewegungen in einem sehr großen Umkreis wahr. Weil ihre Augen seitlich am Kopf sitzen, haben sie nahezu eine Rundumsicht. Was allerdings direkt vor, über, unter oder hinter ihnen passiert, sehen sie nicht. Der Geruchssinn des Esels ist eng mit seinem Geschmackssinn verknüpft und besonders gut ausgeprägt. Als Tastorgane dienen die Lippen sowie die Tasthaare am Maul, an den Nüstern und im Augenbereich.

Tiersprache und Mimik
Von Kopf bis Schwanz ausdrucksstark

Das lautliche Ausdrucksverhalten des Esels ist vergleichsweise bescheiden. Gerade deshalb sollten wir die unterschiedlichen Lautäußerungen des Esels verstehen können, um so die Gemütsverfassung unserer Co-Therapeuten richtig einzuschätzen.

Insgesamt unterscheidet man nur fünf verschiedene Laute. Der charakteristische Iah-Ruf ist sehr komplex, das I wird beim Einatmen und das ah beim Ausatmen erzeugt. Es dient vor allem zur Begrüßung. Wenn sich ein Esel freut, klingt dieser Iah-Ruf besonders lang gezogen, so als ob der Esel singen würde. Der Iah-Ruf endet mit einem Schnaublaut. Ist der Esel entspannt, schnaubt er gelassen. Bei Angst oder

Schmusen ja, aber kein reines Schmusetier

Das weiche Eselmaul lädt zum Tasten und Begreifen ein.

starken Anstrengungen schnauben Esel warnend: Der Ton ist höher und ansteigend. Bei Aggression wird der Iah-Ruf zu einem brummigen Warnlaut, tief und drohend, das abschließende Schnauben klingt abgehackt und röchelnd: ein bisschen wie eine Mischung aus Grunzen und Schnarchen.

Aufmerksamer, neugieriger Esel

Ängstlicher Esel

Aggressiver Esel

Gähnende Esel sind überfordert

Zugegeben, die Eselsprache zu lernen, braucht etwas Übung. Dafür ist das nonverbale Ausdrucksverhalten leichter zu deuten. Gut ausgeprägt ist die Mimik mit Ohrenstellung und Gesichtsausdruck. Aber auch die Haltung von Rücken, Hals und Kopf und die Gestik – Bewegung von Schwanz und Kopf – verraten uns die Stimmung des Esels: Entspannte Esel stehen auf drei Beinen, ein Hinterbein ist entlastet und auf die Hufspitze aufgestellt. Der Kopf ist gesenkt, die Augen sind geschlossen. Die Ohren hängen seitlich, die Unterlippe fällt locker. Freut sich ein Esel, streckt er den Kopf leicht vor, stellt die Ohren aufrecht, zuckt mit den Lippen und kreist mit dem Schwanz. Ist er überfordert, verspannt sich seine Muskulatur, er dreht den Kopf weg, klemmt seinen Schwanz zwischen die Hinterbeine, fängt an zu gähnen und legt seine Ohren nach hinten. Bei diesen Alarmzeichen sollten wir dem Tier unbedingt eine Auszeit gönnen, bevor es aggressiv wird. Aggressive Stimmungen sind bei Eseln selten und lassen sich zum Glück gut erkennen. Die Ohren sind dann nach hinten gerichtet, die Augen aufgerissen und der Kopf ist weit nach vorne gestreckt. Der Esel scharrt dann oft mit den Vorderhufen. Der Schwanz peitscht hin und her. Spätestens jetzt sollte man unverzüglich die Weide verlassen. Ansonsten könnte das gereizte Tier die Zähne fletschen, vorne hochsteigen und wäre auch bereit, seinen Feind zu verfolgen, zu beißen oder auszutreten. So haben wir unsere Esel erst zweimal erlebt. Einmal, als ein fremder Hund zu unseren Schafen auf die Weide ging. Das zweite Mal, als unsere Eselstute erstmals ein Fohlen bei uns auf dem Hof bekam und wir ihr mit den Kindern zu nahe kamen.

Esel sehen nicht, was direkt vor ihnen ist. Die Ohrstellung zeigt: Diesem Esel missfällt, vom Kind frontal ins Gesicht gefasst zu werden.

Für wen und warum Esel?
Ein Tier für Herz und Seele

Esel sind geduldige Tiere, die sehr behutsam agieren und reagieren. Dank ihres sanftmütigen Wesens »tolerieren« sie größtenteils menschliche Schwächen. Trotz ihrer ruhigen Art und Ausstrahlung sind Esel neugierig, lernbereit und aufgeschlossen und haben eine schnelle Auffassungsgabe. Ohne Probleme lernen sie verschiedenste Tätigkeiten wie Eseltrekking, Eselkutschfahrten und Kunststücke.

Auch ihr besonnenes Verhalten bei Gefahr und Überraschungen lässt sich pädagogisch und therapeutisch gut nutzen. Bleibt der Esel beim Führen stehen, bringt es weder Esel noch Kinder weiter, am Führstrick zu zerren. Stattdessen müssen die Kinder den Grund für den Streik ermitteln, sich in das Tier hineinfühlen: Was passt ihm nicht? Was können wir verändern? Möglicherweise hilft es, leiser zu sein und den Esel von der Seite zu führen, statt zu versuchen, ihn im Rückwärtsgang hinter sich herzuziehen.

Für den Esel als Co-Therapeut spricht zudem sein äußeres Erscheinungsbild. Die mittlere Größe und seine Fellfarbe lassen ihn unauffällig und bescheiden wirken. Seine fast demütige Körperhaltung und seine großen Augen faszinieren die Kinder und öffnen ihnen das Herz. Mit seiner ruhigen und gelassenen Ausstrahlung fördert der Esel besonders bei unkonzentrierten und hyperaktiven Kindern die Konzentration. Von und mit Eseln lässt sich Geduld lernen. Die eher gemächlichen Bewegungen und ihr langsames Tempo beim Führen helfen unkoordinierten Kindern, in einen Rhythmus zu kommen und ihre Eigenwahrnehmung zu schulen.

Aufgrund dieser Mischung aus Selbstständigkeit, Klugheit, Besonnenheit, Geduld, Güte, Beharrlichkeit und Treue sind Esel ideal für Tiergestützte Interventionen.

Das weiche Eselmaul entspannt Vanessa

Die 19-jährige Vanessa ist schwerstmehrfachbehindert. Seit ihrer Geburt trägt sie aufgrund ihrer Spastik ein Korsett und sitzt seit Kindesbeinen im Rollstuhl. Selbst ihre Hände sind oft total verkrampft. Nie könnte sie damit wie ihre Altersgenossen ein Handy bedienen. Doch beim Kontakt mit den Eseln, beim Berühren der Nüstern und des weichen Mauls, lösen sich ihre Finger und sie kann sich eine Zeit lang entspannen.

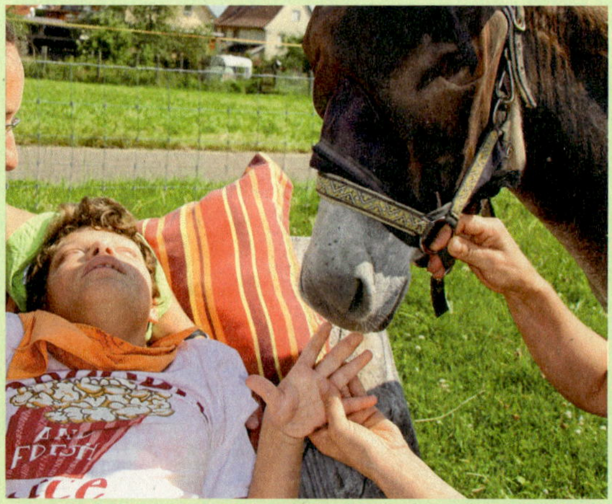

Die verspannte Hand entkrampft sich.

Das Striegeln und Bürsten der Esel fördert vielfältige motorische Fähigkeiten.

Endlich mal echt: Maria und Josef mit Esel

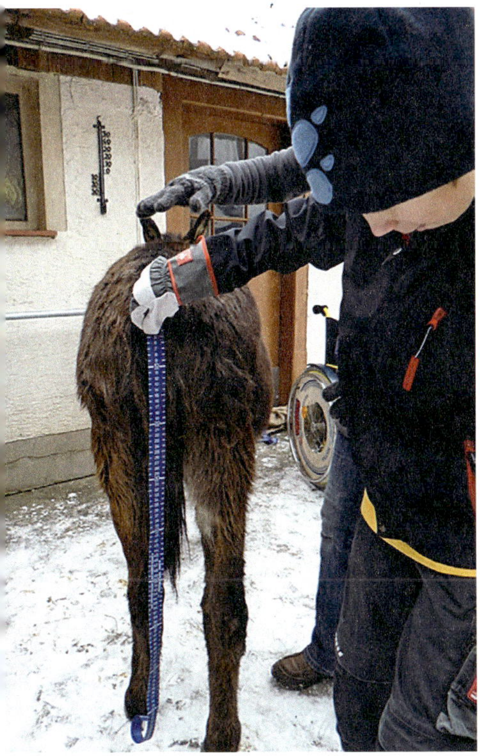

Eselkunde ist heute Bio und Mathe zugleich: Wir bestimmen und messen die Körperteile des Esels. Die gewonnenen Daten müssen korrekt erfasst werden.

Tiergerechte Einsatzmöglichkeiten

Mehrwert Trekking, Reiten, Tragen

Bereits das Sozialverhalten der Esel bietet viel Gesprächsstoff. Zum Beispiel kümmert sich die Eselstute kurz nach der Geburt rührend um ihr Fohlen und lässt es keine Sekunde aus den Augen. Besonders bei vernachlässigten, aber auch bei aufgrund ihrer Behinderung überbehüteten Kindern lässt sich das Thema Fürsorge hier leicht aufgreifen. Auch das Thema Nähe – wie eng rücken wir uns auf den Pelz? – machen Esel erlebbar.

Das Versorgen der Tiere mit Füttern und Misten bietet vielfältige Einsatzmöglichkeiten. Vor allem bei der täglichen Fellpflege können die Kinder weitgehend gefahrlos mithelfen (siehe Seite 184). Risikoärmer als bei Pferden können sie den Tieren frei im Stall und auf der Weide begegnen. Da die Tiere Nähe mögen, sind sie für intensive Nahkontakte ideal. Nicht zu vergessen sind auch die vielen Erzählungen, in denen Esel eine tragende Rolle spielen: Von der Weihnachtsgeschichte über den Einzug in Jerusalem bis zu den Bremer Stadtmusikanten – alles lässt sich mit echten Eseln authentisch nachspielen.

Besonders gut eignen sich Esel zum Führen und für Ausflüge. Das Eseltrekking motiviert gerade weniger mobile oder unselbstständige Kinder zum eigenständigen Laufen. Wenn ihnen ein so großes, beeindruckendes Tier am Führstrick folgt, erleben sie Schritt für Schritt Erfolg. Außerdem fällt es Eseln nicht schwer, Proviant zu tragen oder eine kleine Kutsche zu ziehen.

Auch beim Reiten haben sie ihre Vorzüge. Zwar bieten sie weniger Gangarten, Dynamik und Turnfläche als Pferde, aber kleine Kinder mit körperlichen Einschränkungen können auf Eseln besser sitzen und gehalten werden.

Da sich der Eselrücken anatomisch vom Pferderücken unterscheidet, bedarf es eselgerechter Sättel, Geschirre und Zäumungen. Die für Pferde gebräuchlichen Hilfsmittel können Esel verletzen, zum Beispiel Druckstellen verursachen.

Sind die Esel erst einmal daran gewöhnt, lieben sie Spaziergänge in der Natur.

Eigenwillige Esel machen Manuel willensstark

Manuel ist oft unmotiviert und antriebslos. Auf dem Hof nimmt er zusammen mit anderen Kindern am Eseltrekking teil. Dabei soll er die eigenwillige Eselin Mia führen, ohne dass diese am Wegrand Gras nascht. Gar nicht so einfach, sich durchzusetzen. Schließlich hat Mia ihren eigenen Kopf. Doch laufende Übung macht den Jungen zum selbstbewussten Eselmeister: Nach zehn Wochen Tiergestützter Intervention kann Manuel Mia spazieren führen, ohne dass sie dabei versucht, Gras zu fressen. Sein Durchhaltevermögen und seine verbesserte Ausdauer zeigen sich auch in der Schule: Im Unterricht arbeitet er mehr und besser mit.

Manuel weiß Eselstute Mia zu führen: Sie bleibt auf dem Weg und lässt sich nicht vom Gras verlocken.

Wer Esel als Zugtiere und Lastenträger einsetzen möchte, muss den Tierschutz im Blick behalten. So rät der Landesbeauftragte für den Tierschutz des Landes Niedersachsen, dass Esel »aufgrund des langsamen Aufwuchses und später Knochenausformung frühestens mit drei Jahren eingefahren und mit vier Jahren eingeritten werden dürfen, empfohlen wird das Einfahren mit vier und Einreiten mit fünf Jahren« (Quelle siehe Seite 204). Weiterhin mahnen die Tierschützer, dass ein Esel höchstens 20 Prozent seines Eigengewichts tragen und maximal sein doppeltes Eigengewicht ziehen darf.

Nach Recht und Gesetz

Esel ordnungsgemäß halten

Laut Viehverkehrsverordnung ist die Haltung von Einhufern beim örtlichen Veterinäramt zu melden. Spätestens sechs Monate nach der Geburt müssen Eselbesitzer ihre Tiere mit einem Transponder kennzeichnen. Das Implantieren des Chips übernimmt der Tierarzt. Damit lässt sich das Tier fortan immer und überall identifizieren. Zusätzlich stellt der Tierarzt einen sogenannten Equidenpass aus. Der Pass ist ein lebenslanges Begleitdokument des Esels, in dem alle medizinischen Behandlungen, Impfungen und Besitzerwechsel eingetragen werden. Weitere Hinweise zu Tierschutz und Tierrecht sowie rechtlichen Voraussetzungen finden Sie ab Seite 107 und ab Seite 204.

Max findet seinen Eselrhythmus

Max ist im Unterricht oft unkonzentriert und hat große Probleme, sein Handeln zu planen. Beim Spaziergang mit unserem Esel Luis zeigt sich, wie schwer es ihm fällt, seine Bewegungen an den Rhythmus des Tieres anzupassen. Zunächst muss er laut zählen, um seine Schrittfolge anzugleichen. Doch die gleichmäßigen Bewegungen und das langsame Tempo des Esels helfen ihm. Selbst im hohen Schnee ist er hoch konzentriert und findet Schritt für Schritt seinen Rhythmus und seinen Weg.

Wir geben den Weg, der Esel den Takt vor.

Richtig halten und ernähren

Karge Kost und viel Bewegung

Esel stammen aus Wüstenregionen. Ihr Verdauungstrakt ist darauf ausgerichtet, selbst mit kärglichster Nahrung auszukommen. Da der Eselmagen relativ klein ist, können Esel immer nur geringe Mengen Futter aufnehmen und sind deshalb zwölf bis vierzehn Stunden täglich mit der Futteraufnahme beschäftigt. Egal, ob im Stall oder auf der Weide: Esel brauchen immer ganztägig rohfaserreiches, energie- und proteinarmes Stroh und Öhmd (siehe Seite 44). Gerade bei pädagogisch und therapeutisch eingesetzten Eseln sollte die Futteraufnahme gleichzeitig auch Möglichkeiten für Beschäftigung und Bewegung bieten. Schon deshalb ist der tägliche Weidegang Pflicht. Haben Esel nichts zu tun, langweilen sie sich und leben ihren Übermut in der Tiergestützten Intervention aus. Wenn wir auf dem Bauernhof zu viel Arbeit haben, um mit unseren Eseln abends zu laufen oder sie zu trainieren, verändern sich die Tiere: Sie werden dann aufdringlicher und sind schwerer zu handeln. Günstig sind deshalb Weiden mit Hecken, Bäumen oder anderen Gegenständen, die nicht nur Schatten spenden, sondern den Tieren auch Scheuern und Reiben ermöglichen und Bewegungsreize schaffen. Wichtig für die Fellpflege ist eine Sandkuhle, in der sie sich gemütlich wälzen können.

Das Futterangebot der Weide muss artgerecht und bedürfnisgerecht sein. Esel mögen gerne Kräuter wie Brennnesseln, Kamille und sogar stachelige Disteln. Damit der Esel satt wird, braucht er rund einen halben Hektar Weidefläche im Jahr. Auf

Esel baden gerne im trockenen Sand …

… und scheuern sich an Pfählen oder Bäumen.

keinen Fall darf die Weide zu »fett« sein: Junge und üppige Kleeweiden machen den Esel krank, fördern den Kipphals, bei dem sich Fett in das Bindegewebe am Hals einlagert. Kraftfutterbeigaben wie Getreideschrot, Pellets oder hartes Brot sind tabu. Denn Fehlernährung führt schnell zu Stoffwechselkrankheiten oder Hufrehe, einer schmerzhaften Hufveränderung. Zur Zahnpflege sollten Esel täglich Äste und Zweige angeboten bekommen. Sie fördern die Verdauung und beschäftigen gleichzeitig die Tiere. Um den Bedarf an Mineralstoffen und Spurenelementen zu decken, empfiehlt sich ein Esel-Leckstein.

▶ Wer seinen Esel liebt, hält ihn kurz

Geringe Mengen an Äpfeln oder Karotten beim Training sind erlaubt. Aber Vorsicht: Esel, die häufig Leckerlis erhalten, entwickeln sich schnell zu respektlosen Bettlern, Grabschern und Zwickern. Deshalb lieber auf diese Art der Belohnung verzichten.

Esel können sich gut mit Schafen und Ziegen eine Weide teilen, sofern genug Futter für alle da ist. Wenn im Spätherbst das Gras knapp wird, können sie futterneidisch werden. Die Langohren jagen dann Schafe und Ziegen davon oder beißen sie weg. Die sanften Schafe sind diesen Attacken schutzlos ausgeliefert.

Auch auf dem Rücken der Esel liegt das Glück.

Esel teilen sich die Weide gerne mit Schafen … und ertragen auch übermütige Ziegen.

▶ Ein Esel braucht Gesellschaft

Als Gruppentiere benötigen Esel mindestens einen Artgenossen für ihr Wohlbefinden. Gute Paare sind eine Stute mit ihrem Fohlen, zwei Stuten, zwei Wallache oder eine Stute und ein Wallach. Eselhengste sind zu unberechenbar für die tiergestützte Arbeit mit Kindern (siehe auch Seite 108).

Achtung: Bei zwei Eseln besteht die Gefahr, dass sie sich sehr eng aneinander binden, förmlich aneinander kleben. Nach unserer Erfahrung ist es dann schwierig, die Tiere für Einzeleinsätze zu trennen. Das mussten wir mit sehr viel Training üben.

Aufgrund ihrer Herkunft halten die Wüstentiere große Hitze aus und überstehen auch Kälteperioden im Winter. Allein nasskaltes Wetter macht ihnen zu schaffen. Ihr Fell verfügt nur über eine geringe Eigenfettung und ist daher kaum wasserabweisend. Daher brauchen die Tiere auf der Weide einen stabilen, dreiseitig geschlossenen Unterstand. Dieser sollte laut Tierärztlicher Vereinigung für Tierschutz e. V. (TVT) pro Tier mindestens 5 m² groß und doppelt so hoch wie die Widerristhöhe sein (siehe auch Seite 205). Optimal ist eine Offenstallhaltung mit angrenzender Weide. Die von der TVT empfohlene Mindeststallfläche für zwei Esel beträgt 10 m². Für mehr Tiere gilt folgende Faustformel: Anzahl der Esel mal zweimal die Widerristhöhe. Der Auslauf (die befestigte Fläche vor dem Stall), sollte dreimal so groß wie die Stallfläche sein, aber mindestens 150 m² haben.

Bilanz der Bauernhoftiere

Weder Pauschalurteile noch Patentrezepte

> *Das Äußere eines Tieres hat etwas an sich,*
> *was dem Inneren des Menschen gut tut.*
>
> WINSTON CHURCHILL

Das gilt für alle Tiere: Jede Bauernhoftierart hat unterschiedliche artspezifische Merkmale und Eigenschaften – oder wertend ausgedrückt: je nach Klient spezifische Stärken und Schwächen. Daraus ergeben sich erste Hinweise, welche Tierart für welchen Einsatz oder Fall geeignet oder eher nicht geeignet sein könnte. Zum Beispiel haben Schafe ein besseres Gespür für Schwerstmehrfachbehinderte als Ziegen.

Auf keinen Fall sollten wir die Tiere aber streng nach Raster einordnen oder gar immer nach Schema F für die Tiergestützte Intervention auswählen. Genau wie es keine Patentrezepte gibt, haben wir auch keine Patenttiere, die bei Klienten mit gleichem Krankheitsbild stets auf gleiche Weise helfen. Das gilt auch für die Auswahl unserer Tierrassen. Fast alle unsere Tiere sind Mischlinge. Nicht ihre Rasse macht sie zu perfekten Co-Therapeuten, sondern ihr Charakter sowie die Sozialisation und Ausbildung, die wir ihnen angedeihen lassen. Selbstverständlich sichern auch unser liebevoller täglicher Umgang mit ihnen und ihre artgerechte Haltung ihre pädagogischen und therapeutischen Qualitäten.

Die Praxis und unsere Erfahrungen zeigen, dass Kinder sich häufig nicht von einer Tierart, sondern von einem bestimmten Individuum angezogen fühlen. Wir bieten den Kindern unsere tierische Vielfalt, aber sie entscheiden selbst, mit welchem Tier sie näher Kontakt aufnehmen und intensiver arbeiten möchten. Diese besondere Nähe und Bindung zu ihrem Lieblingstier nutzen wir natürlich gerne, um maximale Fortschritte für unsere Intervention zu erreichen.

Last but not least beeinflussen auch unsere Vorlieben für besondere Tiere und Tierarten den Erfolg unserer Arbeit. Wem beispielsweise Schweine nicht liegen, sollte auch nicht mit ihnen arbeiten. Wir lernten im Laufe der Jahre besonders unsere Schafe als verlässliche Co-Therapeuten schätzen.

Die Ausbildung der Tiere

»Zähmen bedeutet: sich vertraut machen« …
»Ich brauche dich nicht, und du brauchst mich ebenso wenig. Ich bin für dich nur ein Fuchs, der hunderttausend Füchsen gleicht. Aber wenn du mich zähmst, werden wir einander brauchen. Du wirst für mich einzig sein in der Welt. Ich werde für dich einzig sein in der Welt …«, sagt der Fuchs zum kleinen Prinzen.

ANTOINE DE SAINT-EXUPÉRY

Längst nicht jedes Bauernhoftier kann unser Partner in der Tiergestützten Intervention sein. Es muss die Nähe zu Menschen kennen und schätzen und seinem Betreuer voll vertrauen – es muss »gezähmt« sein, wie es in der Erzählung »Der kleine Prinz« beschrieben ist.

Zum Beispiel sollte das Schaf, auch wenn es ein Fluchttier mit entsprechenden Instinkten ist, nicht fluchtartig das Weite suchen, wenn die Kinder kommen. Der Esel sollte bei der Fellpflege nicht schnappen oder ausschlagen, selbst wenn die Kinder ihn zu fest anfassen. Gerade Kinder mit Handicap agieren manchmal unabsichtlich ungeschickt oder unberechenbar. Umgekehrt können Kinder mit Schwerstmehrfachbehinderung nicht gleich zurückweichen, wenn Tiere ungehalten reagieren. Nur zahme, artgerecht gehaltene und fachgerecht ausgebildete Bauernhoftiere bewältigen die hohen Anforderungen der Tiergestützten Intervention.

Auch müssen wir akzeptieren: Genau wie nicht alle Menschen soziale Berufe ausüben können, eignen sich trotz aller Ausbildung und Mühen nicht alle Tiere für die Tiergestützte Intervention. Dies zeigt sich meistens erst jenseits der Kindheit des Tieres. In Ausnahmefällen liegt es am Charakter des Tieres. Viel häufiger sind hormonelle Umstellungen beim Übergang von der Jugend zum Erwachsenenalter verantwortlich (siehe Seite 108).

Beziehungspflege lohnt sich

Vertrauen schaffen, Grenzen setzen

Eine gute, vertrauensvolle Mensch-Tier-Beziehung ist die Basis für jeden qualitativ hochwertigen Einsatz mit Tieren. Dabei sollten wir unbedingt negative Erfahrungen vermeiden. Anders als wir Menschen oftmals annehmen, haben Bauernhoftiere ein gutes Gedächtnis und lernen meistens schnell. Sie merken sich, wie wir mit ihnen umgehen, und erinnern sich an gute, aber auch an stressige oder gar schmerzhafte Situationen. Ihre positiven oder negativen Erfahrungen können sie mit bestimmten Situationen verknüpfen – Ähnliches gilt für ihre Erfahrung im Kontakt mit Menschen. Deshalb ist es sowohl in der Erziehung als auch bei der Ausbildung der Tiere wichtig, negative Erfahrungen zu vermeiden. Stattdessen sollten wir viel Zeit und Energie in eine positive Mensch-Tier-Beziehung investieren.

Allerdings können wir unseren Tieren nicht jeden schmerzvollen Eingriff ersparen: sei es eine Behandlung vom Tierarzt oder schlimmer noch das gesetzlich vorgeschriebene Einziehen von Ohrmarken. Unserer Erfahrung nach sollten solche unvermeidlichen Eingriffe so geburtsnah wie möglich erfolgen. Zum einem liegt das Jungtier zu diesem Zeitpunkt noch viel und muss nicht erst eingefangen werden. Zum anderen hat es sich dann noch nicht an ein Körpergefühl ohne Ohrmarke gewöhnt. Hinzu kommt, dass der Eingriff vermutlich umso schmerzhafter ist, je später er erfolgt, und dann auch vom Tier mit dem Menschen in Verbindung gebracht wird. Bestes Beispiel ist unsere Kuh Emma: Weil wir das Urvertrauen unseres Kalbes nicht gleich zerstören wollten, wurde ihm die Ohrmarke zu spät eingesetzt, und zwar von einem männlichen Bekannten. Emma ist inzwischen ein Jahr alt, reagiert aber immer noch ängstlich auf Männer!

Erziehen und Ausbilden

Grundsätzlich unterscheiden wir zwischen der Erziehung der Tiere und ihrer Ausbildung. Wie in einer menschlichen Familie regelt eine liebevolle und konsequente Erziehung die Umgangsformen zwischen Mensch und Tier. Benehmen sich die Tiere nicht, wie wir es möchten, müssen wir klare Grenzen setzen. Bei der Ausbildung dagegen fördern und fordern wir die Tiere sowohl artspezifisch als auch individuell nach ihren Veranlagungen.

Die meisten Bauernhoftiere – Schweine, Hühner, Kühe, Esel, Schafe und Ziegen – handeln nach ihren Instinkten: Auf eine drohende Gefahr reagieren sie arttypisch mit Flucht oder Angriff. Dieses aus Menschensicht störende Verhalten ist weder dumm noch böse, sondern völlig natürlich und überlebenswichtig. Ihr angeborenes Verhalten und ihre Wahrnehmung müssen wir bei der Ausbildung der unterschiedlichen Bauernhoftiere berücksichtigen.

Auf jeden Fall sollten wir jeden Eingriff mit einem positiven Menschenkontakt abschließen, also mit viel Streicheln und ruhigem Zusprechen, um das Vertrauen zwischen Mensch und Tier zu erhalten.

Die Sozialisation

Von klein auf Menschen mögen

Bevor die Tiere als Co-Therapeuten mit Menschen in Kontakt kommen, müssen sie selbst einiges lernen. Grundvoraussetzung hierfür ist eine fachgerechte Sozialisation und Erziehung. Beim Einsatz von Bauernhoftieren in der Tiergestützten Intervention versuchen wir, sowohl eine enge Beziehung zu Artgenossen wie auch zum Sozialpartner Mensch aufzubauen. Unter Sozialisation versteht man den meist unbewussten Anpassungsprozess an die soziale Umwelt, der einem heranwachsenden Individuum die erfolgreiche Integration in den Sozialverband ermöglicht. Nur so kommt es auch bei den Tieren zur Ausbildung unverwechselbarer Charaktere, sodass wir von Tierpersönlichkeiten sprechen. Erziehung ist ein Bestandteil des umfassenden Sozialisationsprozesses. Hier versuchen wir bewusst auf die Verhaltensentwicklung einzuwirken. Ziel ist es, dass die Jungtiere durch vielfältige Lernerfahrungen mit ihren zukünftigen Sozialpartnern ein für die tiergestützte Arbeit nötiges stabiles Sozialverhalten entwickeln. Neben dem Erproben von neuem Verhalten ist hierbei auch das Setzen klarer Grenzen nötig.

Nach der Geburt geht die Fachkraft in den Stall.

Lämmer müssen sich früh an Kinder gewöhnen.

Kinder mit Handicap empfinden das Hochspringen und Knabbern der Ziegen manchmal als aufdringlich und beängstigend.

Die ersten Lebenstage sind am prägendsten

Bei allen Bauernhoftieren sind die Stunden und Tage direkt nach der Geburt am prägendsten. Innerhalb von 24 Stunden nach der Geburt findet die Prägung zwischen Mutter und Jungtier statt. Dabei sind besonders die ersten fünf Stunden entscheidend. Die Prägung erfolgt über den Geruch, die Stimme, den Geschmack und natürlich über Berührungen.

Die Habituation

Tiere an Reize aller Art gewöhnen

Ebenso wichtig ist es, die Jungtiere an die unbelebte Umwelt zu gewöhnen. Genutzt wird dafür ein Vorgang, den man Habituation nennt. Wir nutzen die Fähigkeit von Lebewesen, sich an einen wiederholten Reiz zu gewöhnen. Denn würde es auf alle Reize jederzeit reagieren, wäre sein Gehirn mit Reizen überflutet und nicht mehr in der Lage, alle Informationen effektiv zu verarbeiten.

Viel Zeit im Stall einplanen

Um eine gute Beziehung zum Jungtier aufzubauen, sollten wir in den ersten drei Lebenswochen viel Zeit mit ihm verbringen. In den ersten Lebenstagen erfolgt der Kontakt möglichst ruhig und nur durch die Hauptbezugsperson. In den darauffolgenden Tagen dürfen die Jungtiere dann Menschen verschiedenen Alters kennenlernen. Dabei können sie gestreichelt, liebkost, gehalten und auf den Schoß genommen werden. So gewöhnen sie sich bereits an unterschiedliche Gerüche, Berührungen und Situationen. Nach zwei Wochen lassen sich die Jungtiere schrittweise mit Lärm oder abrupten Bewegungen konfrontieren. Dadurch reagieren sie später gelassen, wenn beispielsweise ein Kind plötzlich schreit, schimpft oder vor Freude auf das Tier zuspringt.

Wer tiergestützt mit Bauernhoftieren arbeiten will, braucht nach unseren Erfahrungen einige Jahre Vorlauf. Denn die ersten gekauften Tiere sind in der Regel vom Vorbesitzer noch nicht wie erwünscht geprägt und sozialisiert. Das gelingt nur mit der eigenen Nachzucht. Unsere Schafe zum Beispiel kamen aus einer großen Herde und waren durch grobes Scheren und Tierarztbesuche eher negativ geprägt. Da die Muttertiere Angst vor Menschen hatten, konnten wir auch mit ihren Lämmern noch nicht wirklich gut tiergestützt arbeiten. Denn die Angst der Mutter wirkte sich trotz guter Sozialisation auf ihre Nachkommen aus. Erst die nächste Generation fürchtete sich gar nicht mehr vor Menschen und war damit bereit für den tiergestützten Einsatz. Bei Ziegen haben wir ähnliche Erfahrungen gemacht.

Gut ausgebildete Tiere muss man lange suchen

Es ist schwer, bereits zahme, ausgebildete Tiere zu finden. Ein Glücksgriff war unsere Kuh Paula, die wir nach jahrelanger Suche gefunden haben. Paula ist sehr menschenbezogen aufgewachsen und kommt aus einem wirklich guten Stall. Ihre Mutter hatte sie als Kalb nicht angenommen. Deshalb haben ihre Vorbesitzer sie mit viel Liebe aufgezogen.

Ein ganz anderer Fall war das Schwein Emma, das wir von einer Jugendfarm übernommen hatten. Die 18 Monate alte Sau galt als geübt mit Kindern. Trotzdem reagierte sie bei uns auf dem Hof ganz unberechenbar. Zunächst schien sie das Streicheln der Kinder zu genießen, fing dann aber plötzlich an zu schnappen. Vermutlich hatte das Tier auf der Jugendfarm schlechte Erfahrungen mit Menschen gemacht. Auf jeden Fall haben wir es nach diesem Vorfall nie wieder in der Tiergestützten Intervention eingesetzt. Das wäre viel zu gefährlich.

Die Beispiele zeigen, dass wir in der Tiergestützten Intervention immer doppelt wachsam bleiben und sowohl die Klienten als auch unsere tierischen Partner im Auge behalten müssen.

Bei der Basisausbildung führen wir die jungen Tiere behutsam an Situationen und Dinge heran, die für sie später als Co-Therapeuten zum Arbeitsalltag gehören. Je nach Klientengruppe können dies zum Beispiel Rollstühle, Rollatoren, Krücken sowie verschiedene Stütz- und Lagerungskissen sein. Auch Bälle, Wippen, flatternde Tücher, Tunnel und andere Hilfsmittel gehören dazu.

Tiere lernen so mit der Zeit, angemessen auf den Reiz zu reagieren. Die Gegenstände oder Geräusche sind ihnen vertraut und für sie belanglos, daher ignorieren sie sie.

Weiterführende Ausbildung

Immer am Ball bleiben

Die weiterführende Ausbildung der Tiere dient dazu, dass wir unsere tiergestützten Aktivitäten mit Tieren vielfältiger gestalten können. Schließlich haben wir sehr unterschiedliche Ziele in kognitiver, motorischer, sozialer oder emotionaler Hinsicht. Lassen sich die Tiere zum Beispiel an der Leine führen, kommen Kind und Tier bei einem Trekking sicher über die Straße und können sich besser gemeinsam bewegen, um einen Hindernislauf zu bewältigen. Allein aus Tierschutzgründen müssen wir die arttypischen Verhaltensweisen der Bauernhoftiere während der gesamten Ausbildung berücksichtigen. Auch jenseits dessen haben wir auf Dauer nur Erfolg, wenn wir mit der Natur der Tiere arbeiten und nicht gegen sie.

Je nach Tierart haben sich bei unserer Zielgruppe, Kindern mit Handicap, unterschiedliche Trainingsinhalte für die Tiere bewährt: Zu den grundlegenden Fähigkeiten, die außer unseren Hühnern alle unsere Bauernhoftiere beherrschen, gehören

Auf zwei Beinen stehen ist für Ziegen alltäglich, für die Kinder etwas Besonderes. Sie freuen sich über den »Trainingserfolg«.

Da Ziegen sehr intelligent und bewegungsfreudig sind, lassen sie sich kinderleicht trainieren.

das Kommen des Tieres auf Zuruf, das Folgen sowie das Bleiben des Tieres bei der Hauptbezugsperson. Weiterführende Trainingslektionen, zum Beispiel durch einen Tunnel gehen, über eine Wippe balancieren, einen Ball anstoßen, konnten wir unseren neugierigen und bewegungsfreudigen Ziegen und Minischweinen leicht beibringen. Leinenführig sind unsere Ziegen, die Esel und unsere Kuh Paula.

Während für das Basistraining die tägliche Pflege beim Misten, Weidegang und Füttern ausreicht, müssen wir für die weiterführenden Trainingslektionen mehr Zeit einplanen: möglichst täglich, zumindest aber mehrmals wöchentlich mit den Tieren üben.

Achtung: In der Tiergestützten Intervention bringen wir den Tieren keine »Kunststücke« für den Showeffekt bei. Wie die Diplom-Sozialpädagogin Anette Bull beschreibt, wollen auch wir »aus den Gruppen keine zirkusähnliche, konsumorientierte Veranstaltung machen, sondern emotional wertvolle Begegnungen initiieren, Erlebnisse ermöglichen, die tiefer wirken als bloßes Anschauen« (Quelle: A. Bull: Tiergestützte Arbeit mit erwachsenen und alten Menschen, siehe Seite 204). Die Kinder sollen Selbstwirksamkeit erleben, Erfolgserlebnisse haben oder beim gemeinsamen Hindernislauf in Bewegung kommen. Ideal ist es, wenn Kinder und Tiere Freude am gemeinsamen Training haben.

Die wichtigsten Lernformen

Tiere richtig unterrichten

Wenn wir mit unseren Tieren im tiergestützten Bereich arbeiten möchten, ist eine auf Gegenseitigkeit beruhende, vertrauensvolle Beziehung das allerwichtigste. Diese Beziehung ist wechselseitig: Nicht nur das Tier soll mir vertrauen, sondern auch ich vertraue meinem Tier. Dazu müssen wir diese vertrauensvolle Beziehung von Beginn an fördern. Am besten gelingt das, wenn wir den Tieren Dinge beibringen, die sie sowieso gerne lernen möchten. Dies kann je nach Tierart sehr unterschiedlich sein. Einer Ziege macht Klettern Spaß, das liegt in ihrem Naturell. Ein Esel hat ganz andere Interessen: Diese bewegungsfreudigen Wüstentiere gehen gerne mit uns spazieren. Das sollten wir bei der Auswahl der zu lernenden Fertigkeiten berücksichtigen. Anderes, zum Beispiel Winken, sich im Kreis drehen und ähnliche »Tricks«, gehören nicht zu den Dingen, die ein Tier lernen möchte. Es ist nicht sinnvoll, so etwas auf ein Signal hin zu tun.

Beim Lernen werden nicht nur die Lerninhalte im Hirn gespeichert, sondern auch die Gefühle, die während dieses Prozesses entstehen. Fühle ich mich gut angeleitet und dort abgeholt, wo ich bin, macht Lernen Spaß. Bin ich überfordert oder unterfordert, macht es keinen Spaß. »Im Hirn entstehen Erinnerungsnetzwerke, die dann in den entsprechenden Situationen wieder aktiviert werden«, erklärt der Psychotherapeut Dr. Rainer Wohlfarth*. Die meisten von uns kennen das aus der Schulzeit. Wer beispielsweise den Matheunterricht gehasst hat oder ihm einfach nicht folgen konnte, behält ein ungutes Gefühl. Wenn wir den Lehrer dann zufällig Jahre später in der Stadt treffen, ist so ganz ohne Mathe das Unbehagen plötzlich da. Entscheidend für den Lernprozess ist also nicht nur das, was gelernt werden soll, sondern auch, wie und welche Gefühle bei dem Prozess entstehen.

Herdentiere lieben Gruppenunterricht

Sehr wichtig für ein erfolgreiches und lustvolles Lernen sind der Spaß und das Interesse an der Aktivität als solcher. Für alle sozial lebenden Säugetiere gibt es nichts Befriedigenderes oder Schöneres, als im Sozialverband neue Fertigkeiten zu erlangen. Wenn wir diesen Grundsatz beherzigen, haben wir Tiere, die nicht für eine materielle Belohnung – zum Beispiel Leckerli – agieren, sondern weil sie Spaß an den Interaktionen und Aufgaben mit uns und unseren Klienten haben. Genau davon lebt die tiergestützte Arbeit. Wir brauchen Tiere, die gerne in Kontakt und in Kommunikation mit Menschen treten.

* Das Kapitel zu den Lernformen der Tiere haben wir mit fachlich konstruktiver Unterstützung von Bettina Mutschler und Dr. Rainer Wohlfarth erarbeitet. Die beiden arbeiten schon lange mit Hunden und Eseln und gelten als Experten auf dem Gebiet der tiergestützten Interventionen.

Ziegen gehen aus Neugier durch den Tunnel. Auch Schweine machen das gern.

Auch Fehler kommen vor: Unterwegs soll der Esel nicht fressen.

Laufen die Zicklein wie gewünscht durch den Tunnel, müssen wir sie loben und streicheln.

Aus unserer Sicht ist es daher problematisch, wenn man beispielsweise die Kontaktaufnahme zwischen Tier und Mensch mit einer Futtergabe anbahnt. Oft erzieht man sich so Tiere, die nur zu den Klienten kommen, um sich Futter abzuholen. Als Folge wenden sie sich ab, wenn der Mensch nichts zum Fressen mitbringt. Bei einer solchen Interaktion betrachten die Tiere uns Menschen lediglich als Futterautomaten. So kann kein echter und ehrlicher Kontakt entstehen, auf den wir bei der tiergestützten Arbeit angewiesen sind.

Konditionierung: Lernen nach Schema und Lohn

Häufig werden Tiere auch mittels Futter belohnt, wenn sie ein erwünschtes Verhalten zeigen. Dabei lernt ein Tier: Wenn ich auf ein bestimmtes Signal ein gewünschtes Verhalten zeige, erwartet mich als Belohnung eine süße Karotte. Wissenschaftlich heißt dieser Vorgang »instrumentelle« oder auch »operante Konditionierung«. Ein bestimmtes Verhalten führt zu positiven oder negativen Konsequenzen. Wenn das Tier die Karotte als belohnend empfindet, wird es das Verhalten häufiger zeigen, um wieder eine Belohnung zu bekommen. Es gibt auch den umgekehrten Fall. Folgt auf ein bestimmtes Verhalten eine negative Konsequenz, wird das Tier das zuvor gezeigte Verhalten eher unterlassen.

Neben der operanten Konditionierung lässt sich Verhalten auch durch die sogenannte klassische Konditionierung lernen. Bei dieser Lernform werden zwei Reize miteinander verknüpft, die natürlicherweise nicht miteinander im Zusammenhang stehen. Daher spricht man auch von assoziativem Lernen. So lassen sich zum Beispiel Geräusche mit bestimmten Gefühlen verbinden. Grob vereinfacht heißt das: Futter (der unkonditionierte Reiz) ist für viele Tiere mit einem angenehmen Gefühl (die unkonditionierte Reaktion) verbunden. Wird nun das Futter mit dem Geräusch, welches beim Schütteln des Futtereimers (neutraler Reiz) entsteht, verbunden, lösen nach einiger Zeit beide Reize unabhängig voneinander die Reaktion (angenehmes Gefühl) aus. Häufig werden jedoch vor allem negative Gefühle wie Angst durch solche Konditionierungsprozesse gelernt.

Diese beiden Lerntheorien können das Lernen grundsätzlich erklären. Die durch sie beschriebenen Lernvorgänge laufen meist automatisch im Gehirn ab. Allerdings gelingt Lernen auch über andere Mechanismen wie zum Beispiel Modellernen oder soziales Lernen. Wir sollten uns im Umgang mit den Tieren daher nicht nur auf die Konditionierung beschränken.

Soziales Lernen: Fortschritt und Freude für Mensch und Tier

Bei uns steht das soziale Lernen im Vordergrund. Dabei orientiert man sich mit seinem eigenen Verhalten am Verhalten von Artgenossen. Das geht schneller als das klassische Lernen, bei dem das Verhalten erst nach mehreren Durchführungen gefestigt ist. Heute wissen wir, dass soziales Lernen auch über Artgrenzen hinaus möglich ist. Und wir nutzen dieses Wissen in der tiergestützten Arbeit, indem Klienten etwas von den Tieren lernen sollen. Doch auch Tiere können sich Dinge von uns Menschen abgucken. Das können wir nutzen – aber nur wenn die Beziehung zwischen uns und dem Tier wirklich vertrauensvoll ist und das Tier uns als wichtigen Sozialpartner wahrnimmt.

Die meisten Säugetiere haben Spaß daran, ihren Körper gut zu beherrschen. Das sichert heile Beine und eine erfolgreiche Flucht oder Verteidigung. Wenn Tiere auf diese Weise lernen, durch Flatterbandvorhänge zu gehen oder ein »Stäbemikado« auf dem Boden zu überwinden, sind wir gut vorbereitet, wenn wir beim Ausflug auf eine Baustelle mit Flatterband treffen oder nach einem Sturm Baumstämme übersteigen müssen.

Mit dem Esel Neues erkunden und sich für ihn freuen

Wie das soziale Lernen praktisch aussehen kann, zeigt folgendes Beispiel aus der tiergestützten Arbeit mit Eseln von Bettina Mutschler: »Ich habe auf einer Aktivitätsfläche ein Hindernis aufgebaut. Ein Esel kommt und erkundet das neue Gerät. Ich bleibe dabei und interessiere mich auch dafür. Ich bewege mich um und durch das Hindernis und lade meinen Esel ein, mir zu folgen (Modelllernen). Dabei verfolgt der Esel zwar das gleiche Ziel (das Hindernis erfolgreich zu meistern), dies jedoch mit seinen Mitteln. Je nach seiner Reaktion freue ich mich für den Esel, dass er sich getraut hat, über das Hindernis zu steigen (operante Konditionierung durch Lob). Aber Achtung: Es geht nicht darum, dass der Esel tut, was ich möchte, und dann bin ich zufrieden. Beim sozialen Lernen freue ich mich vielmehr für den Esel, dass er eine neue Fertigkeit gelernt hat. Wir erleben oft, dass dann ein anderer Esel, der die Interaktion beobachtet hat, näherkommt und ebenfalls probiert, ob er das Hindernis schafft (Modelllernen).

Bettina Mutschler und Dr. Rainer Wohlfarth möchten Esel Samu das Warten lehren – auch wenn es ihm sichtlich schwerfällt.

Lea
Hanni

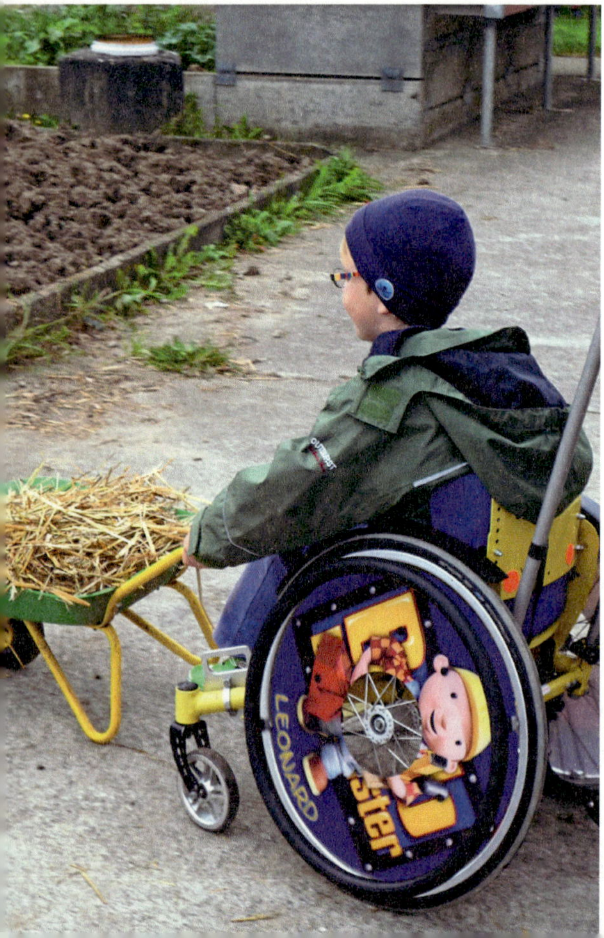
LEONARD

Gut und sicher arbeiten

Ohne Sicherheit ist keine Freiheit.

WILHELM VON HUMBOLDT

Bei jeder tiergestützten Einheit stehen sowohl der Schutz der Klienten als auch das Wohlbefinden der Tiere ganz oben. Dafür müssen bestimmte Voraussetzungen erfüllt sein.

Persönliche Voraussetzungen

Was muss ich mitbringen?

Tiergestützte Interventionen auf dem Bauernhof können nur Personen durchführen, die eine landwirtschaftliche Ausbildung sowie eine therapeutische, pädagogische oder soziale Ausbildung haben.

Daneben braucht man eine fundierte tierspezifische Weiterbildung: zum Beispiel einen Zertifizierungslehrgang zur Fachkraft für Tiergestützte Therapie/Pädagogik nach ISAAT oder ESAAT. Die englische Abkürzung steht für International/European Society for Animal Assisted Therapy. Diese akkreditierten Fachausbildungen beinhalten sowohl theoretische Grundlagen als auch Selbsterfahrung, Supervision und Praxisstunden. Das kostet Geld und einen Arbeitsaufwand von sechzig sogenannten ECTS (European Credit Transfer System), was 1500 Stunden entspricht. Dazu kommt eine kontinuierliche fachspezifische Weiterbildung von mindestens 16 Stunden in zwei Jahren.

Ist man nur in einem der genannten Bereiche ausgebildet – landwirtschaftlich oder therapeutisch, pädagogisch oder sozial –, arbeitet man für Tiergestützte Interventionen im Team.

Zur Erklärung ein Beispiel: Hat eine Physiotherapeutin eine Fortbildung zur Fachkraft für Tiergestützte Therapie/Pädagogik (ISAAT/ESAAT) absolviert, kann sie nur dann selbstständig in ihrem Berufsfeld mit ausgebildeten Bauernhoftieren arbeiten, wenn sie auch über eine landwirtschaftliche Ausbildung oder zumindest über mehrjährige Praxiserfahrung verfügt. Ohne diese Ausbildung oder Praxiserfahrung in der Landwirtschaft kann sie keine Tiergestützte Therapie auf dem Bauernhof anbieten. Denn dann fehlen ihr der Sachkundenachweis zur Haltung der eingesetzten Tiere und die Kompetenz zum richtigen Umgang mit ihnen.

Ein weiteres Beispiel: Wer als pädagogische oder therapeutische Kompetenz »nur« die Weiterbildung zur Fachkraft erworben hat und im ursprünglichen Berufsfeld Bäuerin ist, jedoch keine pädagogische oder therapeutische Ausbildung hat, muss immer mit Pädagogen oder Therapeuten zusammenarbeiten. Nur dann kann diese Person professionelle Tiergestützte Interventionen am Bauernhof anbieten. Während die Bäuerin und Fachkraft über die landwirtschaftliche Kompetenz verfügt, die Tiere vorbereitet und ihre Einsatzmöglichkeiten und Grenzen kennt, bringt der Therapeut oder Pädagoge das Wissen um die Krankheitsbilder und die entsprechenden Förderziele seiner Klienten ein. Im Team werden dann die Maßnahmen der Tiergestützten Intervention geplant, zielorientiert durchgeführt und anschließend dokumentiert. Gerade die Kombination aus verschiedenen fachlichen Qualifikationen sichert den Erfolg.

Wir arbeiten immer mit Fachleuten sozialer Berufe zusammen. So kommen die Kinder der verschiedenen Einrichtungen mit ihren Betreuern zu uns auf den Hof. Das sind in der Regel Sonderpädagogen oder Therapeuten.

Immer schön flexibel bleiben

Wie wir Menschen haben auch Bauernhoftiere manchmal einen schlechten Tag. Dann sind sie sie frustriert, lustlos oder überfordert. Vielleicht hat der Tierarzt sie am Vortag genervt. Oder extreme Wetterlagen wie Starkregen, Schnee, Sturm oder zu viel Sonne und Hitze machen ihnen zu schaffen. Bei schwülem Wetter und einer Fliegenplage im Sommer bleiben die Tiere lieber im Schatten, als sich in der prallen Sonne von Mücken stechen zu lassen. Das ist ganz natürlich, selbst wenn sie sonst Streicheleinheiten lieben. Das heißt, wir brauchen immer einen Plan B: Jede tiergestützte Einheit benötigt eine Alternative. Anders als bei anderen Therapieformen arbeiten wir nicht mit allzeit verfügbaren Gegenständen, sondern mit Lebewesen zusammen. Das bringt einen großen Mehrwert, stellt aber mehr Ansprüche an uns. Als Anbieter von Tiergestützten Interventionen müssen wir geduldig sein wie das Schaf, neugierig wie die Ziege und so wachsam wie der Hofhund.

Viel Zeit für Ausbildung und Training der Tiere

Wer Tiergestützte Interventionen auf dem Bauernhof anbietet, muss sehr viel Zeit in die Mensch-Tier-Beziehung investieren. Die Vielfalt der Bauernhoftiere muss artspezifisch versorgt und gepflegt werden. Jede Tierart hat andere Ansprüche. Dazu brauchen wir Zeit für Sozialisation und Habituation (siehe ab Seite 95). Außerdem müssen wir die Tiere regelmäßig trainieren. Können wir zum Beispiel während der Erntezeit weniger mit unseren Tieren arbeiten, rächt sich das sofort: Die Tiere arbeiten dann weniger gut mit, was wir mit zusätzlichen Trainingseinheiten ausgleichen müssen.

Tierische Voraussetzungen

Tierschutz und Tierrecht

»Solange Menschen denken, dass Tiere nicht fühlen, müssen Tiere fühlen, dass Menschen nicht denken«, steht schon in der Bibel unter Genesis. Dagegen sollten wir bei Tiergestützten Interventionen auf dem Bauernhof stets an unsere tierischen Partner denken. Auf keinen Fall dürfen wir sie überfordern oder gar ausbeuten. Tiergestützte Intervention bedeutet immer auch tiergeschützte Intervention (siehe auch Seite 205, Merkblätter TVT).

Tierschutz heißt, dem Tier ein artgerechtes und wesensgerechtes Leben zu ermöglichen. Wir müssen die Wesenszüge unserer Tiere spüren und darauf eingehen können. Wir haben die Pflicht, den Kindern die Umgangsformen mit den Tieren zu lehren und ihnen zu helfen, sich in das Tier hineinzuversetzen. Wer Kindern Tiere einfach »vorsetzt«, liefert sie den Kindern schutzlos aus.

Kinder mit Handicap sind in ihren körperlichen Bewegungsabläufen häufig unberechenbar. Nicht selten agieren sie unkontrolliert, haben zum Beispiel Spastiken, wodurch die Tiere ein gröberes Anfassen ertragen müssen. Aber auch unerwartete Bewegungen wie fuchtelnde Arme oder spontanes Herumhüpfen verunsichern Kuh und Co. Schreien oder weinen die Kinder plötzlich, erschrecken die Tiere ebenfalls. Nur wenn sie den Umgang mit Menschen aller Art von klein auf gelernt haben, uns vertrauen, arbeiten sie mit. Ansonsten würden sie sich entweder aggressiv verteidigen oder ängstlich zurückweichen.

Daher ist es wichtig, dass wir jedem unserer Tiere genügend Zeit und Raum geben, um neue Situationen einschätzen zu können. Natürlich dürfen Kinder beim Umgang mit unseren Tieren Fehler machen. Als Fachkräfte müssen wir sie darauf hinweisen und den Tieren regelmäßige Auszeiten gönnen.

Tiere treten geht gar nicht …

… und die Ziege so grob bei den Hörnern packen auch nicht.

Tiergesundheit und Hygiene

Damit unsere Bauernhoftiere keine Krankheiten und Parasiten auf den Menschen übertragen können, kontrolliert und betreut sie unser Tierarzt regelmäßig. Sie erhalten die gesetzlich vorgeschriebenen Impfungen und werden regelmäßig entwurmt. Mit kranken oder an Schmerzen leidenden Tieren können wir nicht arbeiten. Die Tiere haben ein gepflegtes Erscheinungsbild. Das gelingt nur mit sauberen Ställen und viel Pflege.

Auch bei bester Tierhaltung müssen wir die natürlichen Hormonschwankungen der Bauernhoftiere im Blick behalten. Männliche Schafe und Ziegen interessieren sich bereits im zarten Alter von drei bis fünf Monaten für das andere Geschlecht. Während beispielsweise junge Schafböcke wie unser Fritz hervorragende Partner sind, ändert sich das bei ausgewachsenen Schafmännern. Die Zunahme der männlichen Hormone macht sie zunehmend triebgesteuert, im wahrsten Sinne des Wortes bockiger. Dann fangen sie an, Mensch und Tier mit dem Kopf zu stoßen. Diese Angriffslust brauchen Schafböcke in der Natur, um sich gegen ihre männliche Konkurrenz durchzusetzen. Ähnliche Verhaltensweisen zeigen auch junge Bullen, Eselhengste und Eber. Deswegen sind alle unsere männlichen Co-Therapeuten kastriert. Nicht kastrierten Nachwuchs müssen wir auf anderen Bauernhöfen unterbringen.

Bei allen weiblichen Tieren müssen wir den Zyklus berücksichtigen. Wenn beispielsweise Kühe nicht tragend sind, sind sie alle 21 Tage brünstig. Sie steigen dann auf andere Herdenmitglieder auf. Dieses Hochsteigen ist sehr gefährlich für uns Menschen. Unsere Eselin ist in der Rosse genervt und unausgeglichen. Unser Minischwein wird in der Rausche sogar aggressiv.

Es erklärt sich von selbst, dass wir in dieser Zeit keine Tiergestützten Interventionen am Tier durchführen. An solchen Tagen können wir das Verhalten der Tiere mit den Kindern besprechen und etwas für die Tiere tun: den Stall ausmisten, wenn sie auf der Weide sind, Vorräte sammeln und Ähnliches.

Viel Platz für die artgerechte Tierhaltung

Um auf Nummer sicher zu gehen, dürfen wir für die Tiergestützte Intervention nur gesunde und vom Wesen her ausgeglichene Bauernhoftiere einsetzen. Voraussetzung dafür ist eine artgerechte Tierhaltung. Damit sich die Tiere wohlfühlen, brauchen sie genügend Bewegungsraum, ausreichend Beschäftigung und direkten Kontakt zu ihren Artgenossen.

Als Bioland-Betrieb orientieren wir uns bei der Ausstattung der Ställe, bei Auslauf und Weiden an den Richtlinien dieses ökologischen Anbauverbandes. Nur beim Flächenbedarf gehen wir deutlich darüber hinaus. Zum einen benötigen unsere Co-Therapeuten mehr Raum zum Entspannen: In stressigen Situationen müssen sie sich zurückziehen können. Zum anderen brauchen wir im Stall und Auslauf mehr Platz, um mit Kleingruppen und Rollstühlen arbeiten zu können.

Bei Fellpflege und Stallarbeiten können Kinder perfekt Hand anlegen.

Angelegte Ohren, aufgesperrter Mund, beginnendes Schmatzen: Heute lassen wir Micki lieber in Ruhe.

Junge Schafböcke sind noch sehr verschmust.

Im Schulungsraum lässt sich geschützt arbeiten.

Diese Schubkarre lässt sich sogar vom Rollstuhl aus bewegen.

Praktisch: im Sitzen arbeiten mit mobiler Box

Strohballen als Turngerät

Betriebliche Voraussetzungen
Sichern und versichern

Landwirtschaftliche Betriebe, die Tiergestützte Interventionen auf dem Bauernhof anbieten, müssen ausreichend versichert sein. Im Normalfall verfügen die Betriebsleiter über eine Betriebshaftpflichtversicherung. Manchmal ist es nötig, die bestehende Betriebshaftpflicht zu ergänzen oder die Versicherungssumme zu erhöhen. Dies sollte jeder individuell in einem persönlichen Beratungsgespräch mit seinem Versicherer klären. Je nach Bundesland können hier unterschiedliche Regelungen gelten.

Zusätzlich sollte man sich von der landwirtschaftlichen Berufsgenossenschaft zur Arbeitssicherheit auf dem Bauernhof beraten lassen. Sind alle Gefahrenquellen weitestmöglich ausgeschaltet, zum Beispiel Treppenabgänge mit Geländern gesichert, kann sich der Betrieb mit einer entsprechenden Zertifizierung auszeichnen lassen, zum Beispiel zum »kindersicheren Bauernhof«. Private, nichtlandwirtschaftliche Tierhalter müssen sich über ihre private Haftpflichtversicherung absichern.

Räumliche Voraussetzungen
Geräumig und kindgerecht

Um professionelle Mensch-Tier-Begegnungen zu ermöglichen, bedarf es geeigneter Begegnungsräume. Manchmal sind dafür Umbauten oder Ausbauten erforderlich. So haben wir einen dunklen, leer stehenden Stall so umgebaut, dass er freundlich und einladend auf Kindergruppen wirkt: Durch die Stallfenster fällt viel Tageslicht in den Raum und die Holzabsperrungen der Buchten sind so angebracht, dass sich die Tiere gut beobachten lassen.

Damit auch (Vorschul-)Kinder die Tiere versorgen können, haben wir kindgerechte Schubkarren und Mistgabeln angeschafft. Rollstuhlfahrer sitzen beim Ausmisten auf einer selbst gezimmerten Box, einer beweglichen, aber stabilen Sitzgelegenheit. Außerdem haben wir eine mobile Bank gebaut, die wir außen an die Bucht hängen können. So lassen sich die Tiere mit Abstand beobachten. Die Box lässt sich auch im Stall befestigen, dann brauchen immobile Kinder nicht auf dem Boden zu hocken und können die Tiere auf Augenhöhe ansprechen und pflegen.

Vor und nach jedem Arbeitseinsatz waschen die kleinen Helfer ihre Hände in einem extra für sie angebrachten Kinderwaschbecken. Das schützt sie selbst vor Keimen und hält auch die Tiere gesund. Denn auch Menschen sollten keine für Tiere ansteckenden Krankheiten übertragen.

Weil wir schon für andere Bauernhofprojekte einen Schulungsraum und einen Bewegungsraum mit Stroh, Heu und Klettermöglichkeiten errichtet haben, können die tiergestützten Einheiten bei schlechtem Wetter unterm Dach stattfinden. Um selbst bei extremer Kälte oder Dauerregen mit den Tieren arbeiten zu können, haben wir zusätzlich einen mit Hackschnitzeln eingestreuten Therapieraum eingerichtet.

Rechtliche Voraussetzungen

Papierkram für die Tiere

Rechtliche Vorgaben ergeben sich aus dem Tierschutzgesetz. Wer pädagogisch oder therapeutisch mit Bauernhoftieren arbeiten will, muss vor Beginn des Einsatzes der Tiere beim örtlichen Veterinäramt die »Erlaubnis nach § 11 Abs. 1 Nr. 3d des Tierschutzgesetzes – Tiere zur Schau stellen« beantragen und dabei Sachkunde im Umgang mit Tieren nachweisen. Der Sachkundenachweis erfordert fundierte theoretische Kenntnisse rund um die Bauernhoftiere, aber auch praktische Fähigkeiten im Umgang mit ihnen. Die darüber hinaus geforderte persönliche Zuverlässigkeit lässt sich mit einem polizeilichen Führungszeugnis nachweisen. Am besten ist es, rechtzeitig beim örtlichen Veterinäramt nachzufragen. Ein weiteres Muss ist ein Hygieneplan, der die Hygienestandards dokumentiert (siehe Seite 202). Daneben sind für jede Tierart weitere rechtliche Voraussetzungen zu erfüllen. Diese sind in den Kapiteln über unsere Tiere jeweils extra genannt.

III.

Begründung:

Mit Antrag vom 29.03.2009 beantragten Sie die tierschutzrechtliche Erlaubnis für Ihren Betrieb um Tiere zur Schau zu stellen.
Nach § 11 Abs. 1 Nr. 3 d Tierschutzgesetz (TierSchG) benötigt derjenige, der gewerbsmäßig Tiere zur Schau stellt oder für solche Zwecke zur Verfügung stellt, eine Erlaubnis der zuständigen Behörde.

Nach § 1 der Verordnung des Ministeriums für Ernährung und Ländlichen Raum Baden-Württemberg über Zuständigkeiten nach dem Tierschutzrecht vom 29. April 2002 (GBl. S. 199) ist das Landratsamt Sigmaringen für die Erteilung der Erlaubnis zuständig.

Die Erlaubnis darf nur erteilt werden, wenn

a. die für die Tätigkeit verantwortliche Person auf Grund ihrer Ausbildung oder ihres bisherigen beruflichen oder sonstigen Umgangs mit Tieren die für die Tätigkeit erforderlichen fachlichen Kenntnisse und Fähigkeiten hat;

b. die für die Tätigkeit verantwortliche Person die erforderliche Zuverlässigkeit hat;

c. die der Tätigkeit dienenden Räume und Einrichtungen eine den Anforderungen des § 2 TierSchG entsprechende Ernährung, Pflege und verhaltensgerechte Unterbringung der Tiere ermöglichen.

Nach Prüfung der Sach- und Rechtslage kommt das Landratsamt Sigmaringen, Fachbereich Veterinärwesen und Verbraucherschutz, zum Ergebnis, dass die Voraussetzungen zur Erteilung der Erlaubnis nach § 11 Abs. 1 Nr. 3d TierSchG einschließlich der aufgeführten Nebenbestimmungen vorliegen.

Ihre Sachkunde haben Sie durch Vorlage entsprechender Zeugnisse nachgewiesen. Zweifel hinsichtlich der Zuverlässigkeit bestehen nicht. Im polizeilichen Führungszeugnis waren keine Eintragungen vorhanden.

Die Erlaubnis nach § 11 Abs. 1 Nr. 3c TierSchG kann daher für Ihren Betrieb erteilt werden.

Auszug aus der Erlaubnis, um gewerbsmäßig Tiere zur Schau zu stellen

Tiere und Kinder im Einsatz

Alles wirkliche Leben ist Begegnung.

MARTIN BUBER

Die Möglichkeiten der Tiergestützten Intervention mit Bauernhoftieren sind nahezu unbegrenzt. Neben Kindern mit Handicap aller Art erleben wir auch mit alten und dementen Menschen erfüllende Mensch-Tier-Begegnungen auf unserem Bauernhof. In den folgenden Kapiteln stellen wir die Arbeit mit Klientengruppen vor, mit denen wir schon jahrelang arbeiten und bei denen sich unsere Interventionen bewährt haben.

Einsatz bei Körperbehinderung

Lang erprobt und erfolgreich

Ein Tier kann dem Kind dabei helfen,
die Aufgaben des Großwerdens zu meistern.

BORIS LEVISON

Natürlich sind Schüler einer Schule für Körperbehinderte in erster Linie einfach Kinder. Jenseits dessen unterscheiden sie sich jedoch hinsichtlich ihrer Behinderung sehr stark untereinander, auch wenn bei allen die Motorik, Wahrnehmung und Fortbewegung beeinträchtigt sind. Grundsätzlich wirken sich sämtliche Beeinträchtigungen in Wahrnehmung und Motorik auch auf Lernprozesse aus. Denn unsere geistige Entwicklung baut auf konkreten motorischen Erfahrungen auf, die wir allmählich verallgemeinern und abstrahieren.

Der quirlige Strolchi zieht Martina auf die Weide.

Sichtbare Erfolge: Die zehnjährige Martina kann nach einem halben Jahr Tiergestützter Intervention schon kräftig mit anpacken.

Beim Ausmisten gibt Martina alles

Martina hat erst mit sechs Jahren gehen gelernt und sieht nur sehr schlecht. Vorsichtig tastet sie sich vom Gang in den Stall. Nur nicht umkippen. Hoch konzentriert schiebt sie den Mist mit einem Rechen in einen Kanister und leert diesen anschließend in die Schubkarre. Anfangs müssen immer andere Kinder ihren Mist wegbringen. Nach sechs Monaten Tiergestützter Intervention kann sie die Arbeit selbst erledigen. Wie eine Schiffbrüchige an den Rettungsring klammert sie sich an die Griffe der Karre und fährt langsam gen Misthaufen. Schritt für Schritt in die Selbstständigkeit. Selbst beim Ziegenspaziergang will Martina dabei sein. Trotz des unebenen Bodens läuft sie ohne Gehwagen auf die Weide und lotst den quirligen Strolchi durch die Hindernisstrecke.

Schüler einer Schule für Körperbehinderte machen in ihrer Kindheit weniger eigenaktive Umwelterfahrungen als normal entwickelte Kinder. Das hat viele Gründe: Ihr Bewegungsradius ist eingeschränkt, sie erhalten viel Unterstützung, stehen mehr unter Aufsicht und sind häufiger im Krankenhaus als normal entwickelte Kinder. Es wird mehr an ihnen gehandelt, als dass sie selbst handeln. Deshalb haben Kinder mit einer Körperbehinderung einen großen (Nachhol-)Bedarf an konkreten Erfahrungen in Umwelt und Natur und profitieren besonders davon.

Tiere bewegen jeden

Starke Anreize, sich überhaupt zu bewegen, bieten Trekking, Training oder Hindernislauf mit den verschiedenen Bauernhoftieren. Gleichzeitig schulen diese Tätigkeiten das Reaktionsvermögen und Bewusstsein für den eigenen Körper.

Dass solche Übungen Kinder motivieren, liegt auf der Hand. Aber wer hätte gedacht, dass sie auch bei täglich anfallenden Arbeiten, beim Ausmisten und Einstreuen der Ställe, begeistert mitmachen und ganz viel für ihre Motorik tun?

Das Ausmisten eines Stalles erfordert viel Koordination. Diese ist bei Schülern mit Förderschwerpunkt körperliche und motorische Entwicklung weniger automatisiert als bei normal entwickelten Kindern. Ähnlich verhält es sich mit der Wahrnehmung und der Handlungsplanung.

Tiergestützte Intervention macht Schule

Seit Januar 2010 erhalten Schüler des Sonderpädagogischen Bildungs- und Beratungszentrums Oberschwaben (seit 2016 offiziell: »Sonderpädagogisches Bildungs- und Beratungszentrum [SBBZ] mit dem Förderschwerpunkt körperliche und motorische Entwicklung« [ehemals Körperbehindertenzentrum Oberschwaben] / Stiftung KBZO in Weingarten) Tiergestützte Interventionen auf unserem Bauernhof. In dieser Zeit konnten Lehrer, Therapeuten, Eltern und Kinder erfahren, wie wertvoll diese Förderung mit Tieren speziell für Kinder mit Behinderungen ist und wie die Kinder in ihrer Persönlichkeitsentwicklung vom Umgang mit den Tieren profitieren.

Zurückhaltende, ängstliche Kinder wachsen über sich hinaus, entwickeln Mut und fassen Vertrauen zu sich und den Tieren. Die Ungestümen lernen Achtsamkeit und verantwortungsvolles Verhalten. Der therapeutisch und pädagogisch gezielt gestaltete Umgang mit den Tieren bietet für Kinder mit körperlichen Einschränkungen ideale Handlungsfelder, um neue Fertigkeiten für Alltag, Handlungsplanung und motorische Anforderungen zu erwerben.

Um mit den Tieren in Kontakt zu treten, sind die Kinder hoch motiviert und strengen sich selbst dort an, wo sie an ihre Grenzen kommen. Das gilt sowohl für Motorik als auch für Geduld mit den Tieren und Einfühlungsvermögen in sie.

Wer eine Mistgabel in der Hand hält, muss sein Gleichgewicht halten. Das erfordert je nach Bewegungsablauf (Bücken, Aufrichten, seitliche Bewegungen) angepasste motorische Reaktionen. Die ganze Zeit muss genügend Muskelspannung aufgebaut und gehalten werden, was ganz schön Kraft erfordert. Für Schüler mit einer Hemiplegie (spastische, halbseitige Körperbehinderung) sind beidhändige Arbeiten mit der Mistgabel oder Schubkarre eine gute Übung, um ihre häufig vernachlässigte, beeinträchtigte Seite automatisch zu trainieren.

Eine ebenso gute Leistung ist es, zu überblicken, welcher Bereich im Stall schon sauber ist und welcher nicht. Eine voll beladene Schubkarre zum Misthaufen zu fahren, schult die Körperhaltung und kräftigt die Muskulatur. Damit die Karre nicht seitlich kippt, müssen Arme und seitliche Rumpfmuskulatur immer wieder schnell reagieren und gegensteuern.

Thorstens Rechenkünste sind auf dem Hof gefragt.

Thorsten mag Mathe mit Lamm

Thorsten leidet an einer Rolando-Epilepsie und hat Schwierigkeiten in der Handlungsplanung. Nur allzu gern lässt er sich von seinen Schularbeiten ablenken, schaut herum oder geht spazieren. Entsprechend langsam arbeitet er. Zunächst wirkt Thorsten auch auf dem Bauernhof sehr schwach. Erst durch die stetigen Wiederholungen der Arbeiten und Abläufe wachsen sein Können und sein Selbstvertrauen. Seitdem mistet er die Boxen ganz allein ohne Anweisungen aus. Beim Ausmessen und Wiegen der Lämmer entdecken wir sein gutes Zahlenverständnis und seine Rechenkünste. Die mathematischen Fähigkeiten präsentiert er selbstbewusst der Gruppe und später auch in der Schule.

Wer die Feinmotorik und taktile Wahrnehmung schulen möchte, schreibt Fellpflege oder Wollverarbeitung auf den Stundenplan. Das Anbringen von Halfter und Leine fördert die Hand-Auge-Koordination sowie das beidhändige Arbeiten. Beim Striegeln und Bürsten von Schaf, Kuh und Co. lernen die Kinder, ihre Kräfte zu dosieren. Nicht jedes Tier verträgt gleichkräftiges Striegeln. Und an manchen Körperteilen muss man viel vorsichtiger sein als an anderen. Feinmotorische Fähigkeiten und Feingefühl brauchen die Schüler auch beim Waschen, Kämmen und Spinnen der Wolle.

Alles in allem entspannt der intensive Kontakt mit den Tieren die Kinder körperlich und emotional. Hier leben sie ihren Bewegungsdrang und ihr Aktivitätsbedürfnis positiv aus. Auf dem Bauernhof arbeiten sie für die Tiere und konzentrieren sich nicht auf ihre Defizite. Sie erfahren Therapie, ohne das Gefühl zu haben, therapiert zu werden.

Ellen schult ihr Gehvermögen im Maisfeld und ihre Feinmotorik beim Sonnenblumenernten.

Die Liebe zu den Bauernhoftieren macht Ellen stark

Ellen kann kaum gezielte Bewegungen ausführen oder einfach ruhig in einer Position verharren. Auf Bewegungsimpulse reagiert ihr Körper mit ständigen »Wackelbewegungen«. Was manche Menschen seltsam finden, stört die Tiere überhaupt nicht. Allein dafür liebt Ellen die Bauernhoftiere. Mühsam schiebt sie ihren Rollator ins Mais- und Sonnenblumenfeld, um dort mit großer Geduld für die Tiere Wintervorräte zu sammeln. Ein echter Kraftakt für sie, doch für die Tiere sind dem Mädchen keine Anstrengungen zu viel. Das anschließende Auspacken der Maiskolben und Auspuhlen der Sonnenblumenkerne erfordern ebenfalls ihren vollen Körpereinsatz. Die sinnvollen Arbeiten für die Tiere haben ihre Kraft und Ausdauer deutlich erhöht.

Einsatz bei Schwerstmehrfachbehinderung

Anregen und entspannen

Jede Begegnung, die unsere Seele berührt,
hinterlässt eine Spur, die nie ganz verweht.

L. L. BODEN

Die Arbeit mit Kindern und Jugendlichen mit Schwerstmehrfachbehinderung ist für uns eine große Herausforderung. Häufig können sich diese jungen Menschen kaum selbstständig bewegen und daher nur geringe Eigenaktivität entwickeln. Außerdem nehmen sie ihre Umwelt nur reduziert wahr und kommunizieren kaum oder für uns oft unverständlich. Um ihre Entwicklung gezielt zu fördern, erweitern wir die Tiergestützte Intervention in diesen Fällen um die sogenannte Basale Stimulation. Dieser körperorientierte Therapieansatz nutzt die vorhandenen Möglichkeiten des menschlichen Körpers und fördert das Zusammenspiel von Wahrnehmung, Bewegung und Kommunikation. Der pädagogisch und therapeutisch gezielt gestaltete Kontakt mit den Bauernhoftieren aktiviert die Wahrnehmung der Kinder, ermutigt sie, eigene Körper- und Bewegungserfahrungen zu machen, und verschafft ihnen überhaupt einen Zugang zur Umwelt.

Paul liegt gern im Stroh

Der 16-jährige Paul entspannt sich nach der Autofahrt in einem gemütlichen Lager aus Heu und Stroh. Frei sitzen oder reden kann er nicht, aber er reagiert hoch sensibel auf seine Umwelt. Mit beiden Händen erkundet er die Halme. Nach einiger Zeit huscht ein Lächeln über sein Gesicht und er tut sein Wohlbefinden mit Lauten kund. Auch die schaukelnden Bewegungen bei Fahrten auf dem Traktorhänger richten ihn buchstäblich auf. Um mehr mitzubekommen, arbeitet er sich von der Rückenlage ins Sitzen hoch.

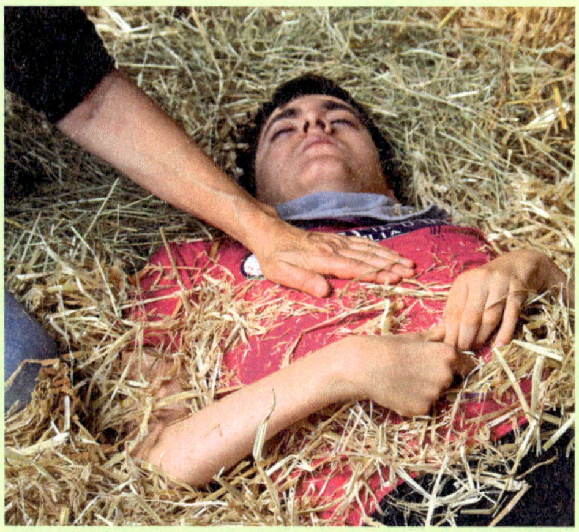

Im Stroh fühlt sich Paul geborgen.

Kaninchen Freya verhält sich mucksmäuschenstill.

Das flauschige Fell kitzelt an den Füßen.

Schafbock und Kaninchen entkrampfen Vanessa

Vanessa sitzt seit ihrer frühen Kindheit im Rollstuhl und hat eine schwere Spastik. Oft ist ihr ganzer Körper stark verkrampft. Als sich der sensible Schafbock Fritz langsam ihrer flexibleren rechten Hand nähert und sie leicht anstupst, entspannt sich Vanessa und geht ebenfalls millimeterweise auf Fellfühlung. Wenige Zentimeter selbstbestimmte Bewegung sind ein Meilenstein in Vanessas Leben. Ähnlich positiv reagiert sie auf unser flauschiges Kaninchen. Liegt Freya auf ihrem Körper, öffnen sich ihre Augen und die verkrampften Finger lösen sich.

Fühlen, spüren und entspannen

Für Kinder mit schwerer Mehrfachbehinderung ist die Arbeit mit Tieren immer ein spezieller Anreiz, Kontakt aufzunehmen. Deutlich mehr als gegenständliche Therapiemittel fordert unsere bunte Tierschar zum Spüren, Tasten und Begreifen auf und kommt den mehr oder weniger eingeschränkten Lernfähigkeiten der Kinder entgegen.

Wer einem Kind mit schwerer Mehrfachbehinderung ein Kaninchen auf den Bauch oder in den Schoß legt, stimuliert es auf unterschiedlichste Weise. Je nachdem, wie sich das Tier auf dem Körper bewegt, löst dies unterschiedliche sensorische Reize und Empfindungen aus. Der Gleichgewichtssinn wird ebenfalls angeregt.

Der Geruch eines Tieres stimuliert das Kind olfaktorisch. So haben zum Beispiel Schafe einen sehr markanten Eigengeruch. Selbst das Tierfutter – Heu, Silage oder Stroh – duftet ganz unterschiedlich und lässt sich buchstäblich gut (be-)greifen. Genauso verschieden wie die Gerüche sind die Laute der Tiere: Ziegen meckern, Schafe blöken, Schweine grunzen und quieken. Sogar das Atmen der Tierarten hört und fühlt sich unterschiedlich an: Die stetigen Reize durch Atmung oder Hecheln des Tieres stimulieren die Kinder vibratorisch.

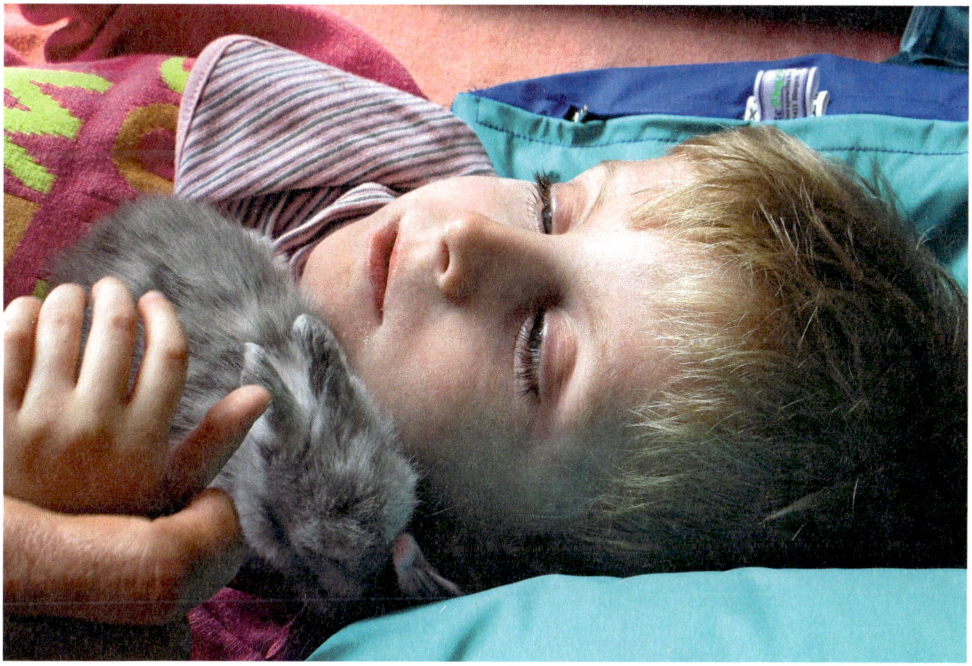

Jede Tierart fühlt sich anders an: flauschig das Kaninchen, weich und leicht fettig das Schaf.

Küken und Hofhund machen Silvia wach

Silvia leidet an der Glasknochenkrankheit. Ihre Knochen sind zerbrechlich wie Glas. Aufgrund ihrer verringerten Muskelspannung kann Silvia weder gehen noch stehen. Auch bei den Tiergestützten Interventionen müssen wir sehr vorsichtig sein, um sie nicht zu verletzen. Um Silvia trotzdem zu stimulieren, lassen wir sie immer wieder unterschiedliche Bauernhoftiere spüren. Wer hätte gedacht, dass sich ein Kaninchen am Hals so weich anfühlt oder Schafhaar leicht fettig ist? Besonders stark reagiert sie auf Tierstimmen. Die hohen Töne unserer Küken zaubern ein Lächeln in ihr Gesicht. Wenn Hofhund Max bellt, ist sie ganz wach.

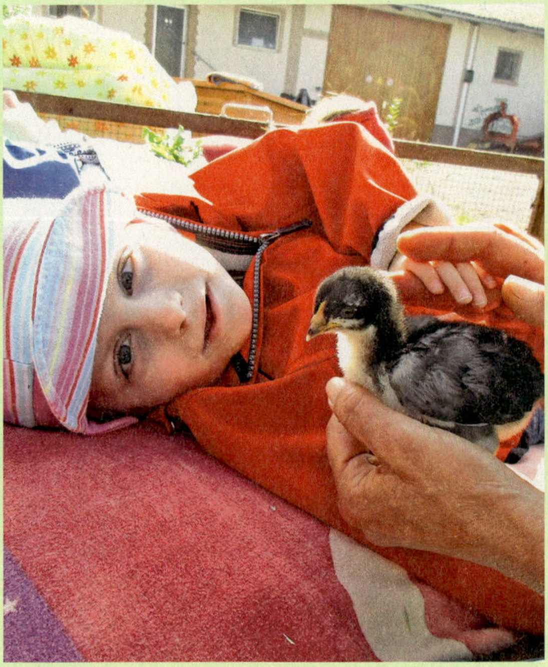

Am schönsten piepsen die zarten Küken.

Besonders viele Anregungen gibt es auf dem Bauernhof für den Tast- und Greifsinn. Kinder mit Schwerstmehrfachbehinderung können das Fell oder die Federn der verschiedenen Tiere anfassen und dadurch taktile Stimulation erfahren. Wer einmal die leicht fettige Schafwolle gespürt hat, merkt sich das. Auch das Tier selbst fühlt sich an unterschiedlichen Stellen jeweils ganz anders an. Das Eselfell ist am Maul viel weicher als am Bauch. Wenn ein Mensch mit Schwerstmehrfachbehinderung ins Schaffell greift, kann eine Interaktion zwischen Mensch und Tier entstehen, die keiner verbalen Sprache bedarf. Die Kinder treten mit ihrer Umwelt in Kontakt, entspannen sich und ihre Spastiken können sich lösen. Zumindest für einen Moment.

Bisher erreichen wir mit unserer Basalen Stimulation auf dem Bauernhof noch keine augenfälligen nachhaltigen Erfolge, die sich in der Schule oder zuhause fortsetzen. Wir haben hier auch noch weniger Praxiserfahrung als bei weniger eingeschränkten Menschen. Auf jeden Fall gelingt es uns mit unseren Tieren aber, den Kindern entspannte, wache und glückliche Momente zu schenken sowie ihnen ganz ursprüngliche Erfahrungen zu ermöglichen.

Einsatz bei Sehbehinderung

Sechs Sinne schärfen

Die besten Entdeckungsreisen macht man,
indem man die Welt mit anderen Augen betrachtet.

MARCEL PROUST

Blinde und stark sehbehinderte Kinder haben meist große Defizite in ihrer gesamten Motorik. Im Gegensatz zu ihren normalsichtigen Altersgenossen können sie ihren Bewegungsdrang nie wirklich ausleben. Oftmals haben sie viel Zeit in Krankenhäusern verbracht und stehen immer unter Aufsicht ihrer Bezugspersonen.

Wo fängt die Ziege an und wo hört sie auf?

Da haben sich Mensch und Tier gefunden: Die Ziegen sind genauso neugierig und fröhlich wie Julius.

Julius freut sich über tierische Strolche

Julius ist ein aufgeweckter, selbstbewusster Junge. Trotz seines eingeschränkten Sehvermögens ist er schon beim ersten Tierkontakt mutig genug, die Tiere ohne seine Betreuerin zu streicheln. Voll Vertrauen geht er auf sie zu. Am besten gefallen ihm die »aufdringlichen« Ziegen. Er findet es lustig, dass Strolchi seinen Reißverschluss öffnen kann und an den leuchtenden Neonstreifen seiner Jacke knabbert. Bei den Tieren kann er endlich mal was Neues erleben …

Marius zeigt sich beim Esel zunächst zögerlich …

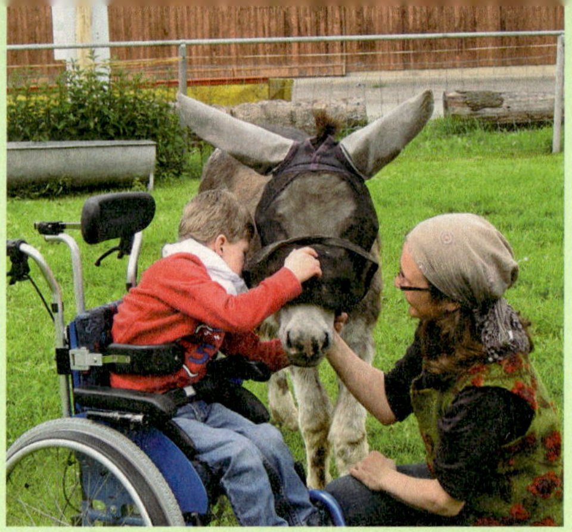

… aber dann zupackend …

Marius überwindet Berührungsängste

Marius ist sehbehindert und sitzt von klein auf im Rollstuhl. Als zum ersten Mal ein Schaf mit ihm auf Augenhöhe Kontakt aufnehmen will, klammert er sich ängstlich an seine Betreuerin. Als sich ihm unser Esel vorsichtig nähert, bleibt er überraschend ruhig. Das große Tier scheint ihn zu faszinieren. Er greift nach ihm und zieht ihm die Fliegenmaske vom Kopf. Beim Ertasten der Körperteile und des Kopfes bleibt der Esel geduldig, ruhig und Marius zugewandt stehen. Die Eselnüstern fühlen sich ganz weich an. Das gefällt Marius. Als wir ihn auf den Eselrücken legen, lässt er sich entspannt tragen und lächelt. Auch mit Ziege Strolchi gelingt der Kontakt. Was für ein erlebnisreicher Morgen!

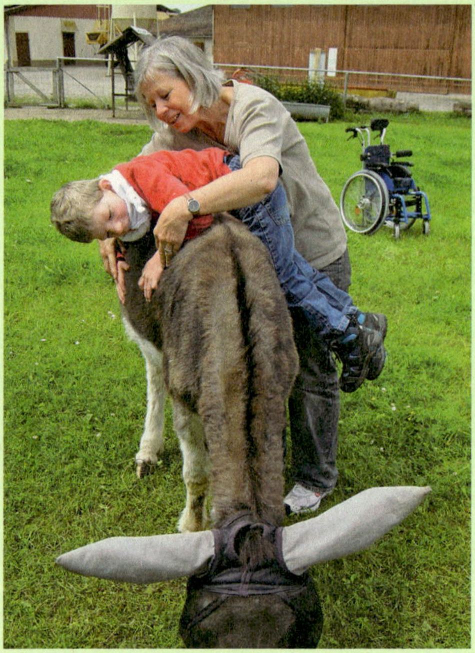

… und schließlich mutig.

Marius steht bei den Tieren im Mittelpunkt.

Mit der tiergestützten Arbeit bei blinden Kindern möchten wir vor allem die übrigen Sinne fördern: Hören, Tasten und Riechen sollen den fehlenden Sehsinn ausgleichen. Bei sehbehinderten Kindern gilt es darüber hinaus, das verbliebene Sehvermögen zu stärken. Zusätzlich möchten wir die Mobilität der Kinder schulen und ihnen ganz neue Erfahrungen ermöglichen. Dafür müssen wir unsere Interventionen bei hochgradig sehbehinderten oder blinden Kindern besonders gut planen und strukturieren. Zum Beispiel müssen die Wege vorausgeplant und frei von Stolperfallen sein. Allein die unterschiedlichen Untergründe auf dem Hof wie Kies, Beton und Weide sind schon sehr anspruchsvoll.

Neues auf gewohnten Wegen lernen

Damit sich blinde Kinder leichter zurechtfinden und besser erinnern können, haben unsere Stunden immer die gleichen Abläufe und wir gehen dieselben Wege. Um den schmalen Grat des Förderns zwischen Unterforderung und Überforderung zu halten, brauchen wir hier besonders viel Geduld und Einfühlungsvermögen. Die meisten blinden und sehbehinderten Kinder, die zu uns auf den Hof kommen, haben praktisch keine Erfahrung mit Bauernhoftieren. Umso wichtiger ist es, dass der erste Kontakt gut gelingt. Daher sollte bei der ersten Begegnung mit den Tieren die vertraute Bezugsperson des Kindes dabei sein. Dann fällt es den Kindern leichter, Ängste zu überwinden. Allerdings sollte die Begleitperson keine Angst vor Tieren haben. Unsicherheiten spüren gerade blinde Kinder besonders deutlich und reagieren dann ebenfalls ängstlich.

Während es viel Erfahrung mit Blindenhunden gibt, sind Tiergestützte Interventionen mit Bauernhoftieren bei blinden und sehbehinderten Kindern noch Neuland. Unserer Erfahrung nach eignen sich dafür alle Bauernhoftiere. Gerade ihre Vielfalt eröffnet ein großes Lernfeld für die Sinne. Schließlich riecht jedes Bauernhoftier anders, fühlt und hört sich anders an (siehe auch ab Seite 120). Selbst das Grasen klingt bei einem Esel ganz anders als zum Beispiel bei einem Schaf. Wenn blinde und sehbehinderte Kinder regelmäßig an Tiergestützten Interventionen teilhaben, können sie, gut angeleitet und betreut, auch mithelfen, die Tiere zu versorgen und zu pflegen (siehe auch ab Seite 116).

Lukas tastet sich an die Schafe heran …

… und versinkt glücklich im Fell.

Lukas will den Schafen nah sein

Lukas ist von Geburt an blind. Der erste Kontakt zu den Tieren musste bei ihm ganz einfühlsam erfolgen. Am Anfang führten wir ihm beim Streicheln der Tiere die Hand. Während er die Hand beim Streicheln der Ziege nach kurzer Zeit wegzieht, will er gar nicht mehr aufhören, die Schafe zu streicheln. Immer wieder riecht er an seinen Händen, die jetzt stark nach Schaf duften. Nach einer Weile legt er den Kopf auf das Schaf, um noch einmal ganz intensiv in den Schafgeruch eintauchen zu können. Im weichen Wollfell kann er sich perfekt entspannen.

Einsatz bei autistischen Verhaltensweisen

Tiere senden klare Botschaften

> *Die Mitteilungsmöglichkeit des Menschen ist gewaltig,*
> *doch das meiste, was er sagt, ist hohl und falsch.*
> *Die Sprache der Tiere ist begrenzt, aber was sie damit*
> *zum Ausdruck bringen, ist wichtig und nützlich.*
> *Jede kleine Ehrlichkeit ist besser als eine große Lüge.*
>
> LEONARDO DA VINCI

Bei Kindern mit autistischen Störungen ist die Entwicklung tief greifend gestört. Fast alle Bereiche der Entwicklung sind schon im frühen Kindesalter betroffen. Da sich autistische Störungen individuell sehr unterschiedlich bemerkbar machen, sprechen Fachleute heute auch von Autismus-Spektrum-Störungen. Gemeinsam ist ihnen, dass soziale Interaktion und Kommunikation schwierig sind. Kinder mit autistischen Störungen können nur schwer oder gar keinen Kontakt zu anderen aufnehmen. Da sie die Mimik und Gestik ihres Gegenübers kaum entschlüsseln können, sind sie kaum fähig, Empathie zu entwickeln. Ihr teils geringes Sprachverständnis und eingeschränktes Sprachvermögen begrenzen ihre Kommunikationsfähigkeit enorm.

Wenn Kinder mit autistischen Verhaltensweisen Kontakte eingehen, dann meist nutzungsorientiert, nicht emotional bedingt oder aus sozialen Gedanken heraus. In der Regel sträuben sie sich gegen Nähe und Körperkontakt. Experten nennen das eine soziale Wahrnehmungsverarbeitungsstörung: Jegliches soziale Lernen ist massiv behindert.

Dagegen haben Kinder mit einer Autismus-Spektrum-Störung meist einen starken Zugang zur gegenständlichen Welt. Oft entwickeln sie ein Spezialinteresse mit Liebe zum Detail sowie stereotype Verhaltensmuster. So können sie eine Tätigkeit bis zur außerordentlichen Perfektion wiederholen. Die Handlungen und das Verhalten der Kinder sind ritualisiert, teils stereotyp. Ihre Umgebung oder ihre Tagesabläufe müssen deshalb möglichst gleichbleibend gestaltet sein, damit die Kinder sich sicher fühlen und einschätzen können, was auf sie zukommt.

Feste Gewohnheiten und klar kommunizieren

Dies gilt auch für Einheiten der Tiergestützten Intervention. Um auf Kinder mit Autismus-Spektrum-Störungen einzugehen, sollten die Stunden möglichst immer den gleichen Ablauf haben und feste Rituale beinhalten. Zum Beispiel: erst gemeinsam die Tiere auf der Weide begrüßen, anschließend gemeinsam frühstücken, dann Hühner besuchen. Das kommt auch dem Naturell der Tiere entgegen. Auch Tiere lieben feste Zeiten und Abläufe. Hilfreich ist zudem, dass Tiere klare Signale senden, die Menschen mit autistischen Störungen gut übersetzen können. Die analoge Sprache der Tiere beschränkt sich auf das Wesentliche. Ironie, schwarzer Humor, Widersprüche oder Lügen, alles, was Menschen mit autistischen Störungen nicht entschlüsseln können, kommen in der Tiersprache nicht vor. Außerdem kritisieren Tiere niemanden und setzen niemanden unter Druck – außer beim Füttern.

Die Tiergestützten Interventionen bringen Menschen mit Autismus nicht zum Sprechen, sondern wirken auf nichtsprachlicher Ebene. Es geht darum, Kommunikation, Kontakt und Nähe herzustellen. Möglichst in dem Tempo, das die Kinder brauchen.

Ludwig geht vorsichtig auf Fellfühlung.

Ludwig fühlt sich bei den Schafen besser verstanden

Ludwig hat eine Autismus-Spektrum-Störung. Neben anderen typischen Verhaltensweisen kann er seinen Körper schlecht wahrnehmen und seine Kraft und Bewegungen nicht richtig dosieren. Seine große Stärke ist das logische Denken, seine Konzentration wechselt jedoch mit der Tagesform. Manchmal braucht er eine Auszeit, kann sich aber selbstständig wieder zurückholen und seine Aufgaben zu Ende führen. Während Ludwig in der Schule genau darauf achtet, dass seine Mitschüler die Klassenregeln befolgen, hält er sie selbst kaum ein. Auf dem Bauernhof muss er sich wie die anderen an Regeln halten und Grenzen wahren. Ganz behutsam bringen wir ihn mit unterschiedlichen Tieren in Kontakt. Zunächst beobachtet Ludwig die Tiere nur. Schnell fühlt er sich zu den Schafen hingezogen. Ihr merkmalsarmes Verhalten kann er am besten einschätzen und verstehen. Jede Woche kommt er den Wolltieren näher und kann sogar Berührungen zulassen. Die Erfolgserlebnisse stärken sein Selbstbewusstsein und seine Lebensfreude wächst.

Noah will alles für das Wollschwein tun

Noah zeigt autistische Verhaltensweisen. Er hat Probleme, Nähe oder Distanz angemessen zuzulassen oder zu wahren. Aufgrund seiner Konzentrationsprobleme wirkt er oft geistig abwesend. Dabei macht er mit seinen Händen Rollenspiele. Meist spielt er Star Wars, verwandelt Stifte in Raumschiffe. Gelegentlich ist sein Spiel gewalttätig. Dann boxt oder stößt er. Zunächst zeigt Noah seine geringe Frustrationstoleranz und geringes Selbstvertrauen auch auf dem Bauernhof. Statt selbst anzupacken, gibt er anderen Kindern Anweisungen. Durch die regelmäßig wiederkehrenden Arbeiten gelingt es Noah nach wenigen Wochen, zumindest kurz, konzentriert zu arbeiten. Mit der Zeit behandelt er die Tiere immer rücksichtsvoller. Die gleichbleibenden Aufgaben erleichtern es ihm, mitzuhelfen, und stärken sein Verantwortungsbewusstsein. Nach wenigen Wochen kann er die Tiere weitgehend selbstständig versorgen, er mistet die Buchten aus, streut ein und kehrt im Anschluss die Stallgänge.

Zu unserem Wollschwein Rudi entwickelt er eine ganz besondere Beziehung. Fortan will er sich nur noch um ihn kümmern und als Patentier betreuen. Liebend gern beobachtet er Rudi bei der unermüdlichen Futtersuche auf der Weide. Fast scheint es, als ob er dabei lächle.

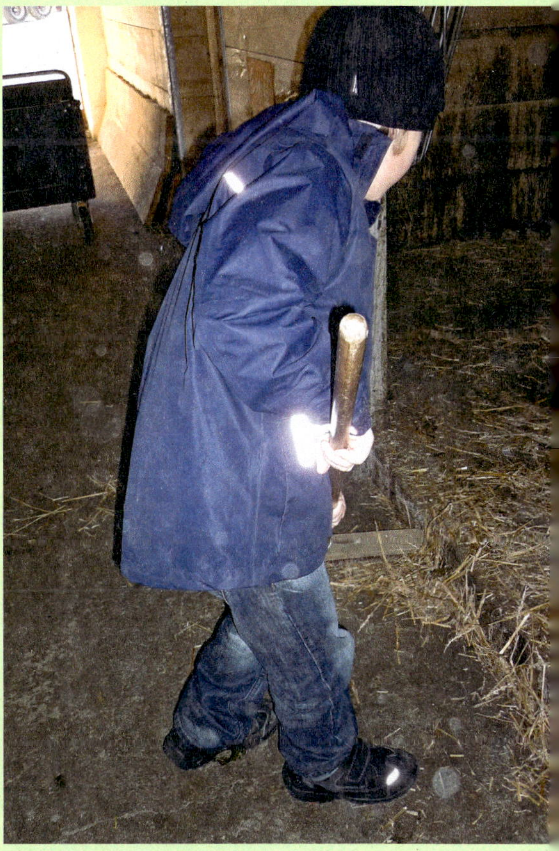

Im Stall legt Noah selbst Hand an.

Trotz Distanz gehört sein Herz dem Wollschwein.

Einsatz bei Sprachbehinderung

Mit Tieren lässt sich leichter sprechen

> *Man kann nicht nicht kommunizieren,*
> *denn Kommunikation ist ein Verhalten,*
> *und es ist nicht möglich, sich nicht zu verhalten.*
>
> PAUL WATZLAWICK

Das lateinische communicatio bedeutet Mitteilung und Austausch. Kommunikation ist ein komplexes Geschehen. Dabei lassen sich zwei Formen unterscheiden: digitale Kommunikation und analoge Kommunikation. Erstere ist die Kommunikation in Form von Sprache. Analoge Kommunikation nutzt dagegen Gestik, Mimik, Körperhaltung, Lautstärke und Modulation der Stimme. Nach dem Kommunikationswissenschaftler und Psychotherapeuten Paul Watzlawick ist die analoge Kommunikation ursprünglicher und ehrlicher als die digitale: »Es ist leicht, etwas mit Worten zu beteuern, aber schwer, eine Unaufrichtigkeit auch analogisch glaubhaft zu kommunizieren. Eine Geste oder eine Miene sagt uns mehr darüber, wie ein anderer über uns denkt, als hundert Worte.« (Quelle: Watzlawick P. & J. H. Beavin: Menschliche Kommunikation, siehe Seite 204)

Mit anderen Menschen digital kommunizieren zu können, ist wie Laufenlernen: ein Meilenstein im Sozialisationsprozess des Kindes. Kinder mit einer verzögerten Sprachentwicklung oder anderen sprachlichen Auffälligkeiten haben Probleme, verbal zu kommunizieren. Dies führt häufig zu Konflikten bis hin zu emotionalen Störungen und Verhaltensauffälligkeiten. Denn die kindliche Sprachentwicklung ist kein isolierter Prozess, sondern verzahnt mit der gesamten Persönlichkeitsentwicklung. Kinder mit sprachlichem Handicap sind eine Herausforderung für ihre Umwelt – und ihre Umwelt ist eine Herausforderung für sie: Verunsicherte Eltern überfordern oder unterfordern sie, loben oder tadeln sie zu viel. Andere Kinder hänseln sie oder machen sich über sie lustig.

Ist ein Spracherwerb nicht oder nur eingeschränkt möglich, leidet auch die körperliche Entwicklung. Meist sind die Kinder motorisch gehandicapt. Gleichgewichtssinn und Körperkoordination sind weniger gut ausgebildet als bei normal entwickelten Altersgenossen. All das führt häufig zu fehlendem Selbstvertrauen und Einsamkeit. Schließlich lernt ein Kind nicht wegen der Sprache sprechen, sondern um mit seiner Umwelt zu kommunizieren. Dazu brauchen wir sowohl digitale als auch analoge Kommunikation. Je besser ein Kind zunächst die nonverbalen Signale versteht, analog kommunizieren kann, desto leichter erlernt es im Anschluss die digitale Kommunikation.

Kinder, die sonst kaum reden, beginnen sich mit den Tieren zu unterhalten.

Ziegen bringen Igor zum Reden

Diese Ziege erweist sich als gute Zuhörerin.

Igor ist ein zartes, aber lebhaftes Kind. Wie seine Zwillingsschwester kam er als Frühchen zur Welt, erholte sich jedoch schnell. Aufgrund einer Fehlstellung des Kieferknochens hat Igor Schwierigkeiten beim Kauen und Schlucken. Die Zwillingskinder wachsen zweisprachig – deutsch und russisch – auf. Während die Zwillingsschwester beide Sprachen beherrscht, spricht Igor seine eigene Sprache, die nur seine Schwester versteht. Im Kindergarten wird er dafür oft gehänselt. Auch auf dem Bauernhof braucht Igor zunächst noch Zuwendung von einem Erwachsenen und fühlt sich nur bei direktem Augenkontakt angesprochen. Von Termin zu Termin wird er jedoch gelassener und möchte bei jeder Beschäftigung mitmachen. Seine besondere Vorliebe gilt den Ziegen. Gerne füttert er sie mit frisch gepflückten Blättern und erzählt ihnen von seiner Zwillingsschwester: in seiner Sprache und auf Deutsch. Die Tiere verstehen ihn immer.

Streichelsprache geht auch ohne Worte.

Mit Tieren lachen statt ausgelacht werden

Tiere sind Meister der unverfälschten, nonverbalen Kommunikation. Ihre äußerst präzise Wahrnehmung ist auf die feinsten nichtsprachlichen Signale ausgerichtet. Ein Tier nimmt Stimmungen und minimale Mimik und Gestik wahr und kommuniziert immer analog mit uns. Tiere können Kinder mit einer Sprachbehinderung oder einer sprachlichen Auffälligkeit ohne Probleme verstehen, weil sie auf derselben Ebene kommunizieren. Dieses Verstandenwerden macht die Kinder glücklich und stärkt ihr Selbstbewusstsein. Gleichzeitig sprechen die Tiere die Kinder auf emotionaler Ebene an. Im Stall und auf der Wiese fällt es den Kindern leichter, zu lernen und zu kommunizieren. Mit den Tieren können sie in Ruhe sprechen üben. Schließlich

Kinder mit einer Sprachauffälligkeit tun sich häufig auch motorisch schwer. Deshalb brauchen sie Zeit und Raum, um sich mit den Tieren frei zu bewegen, spielen und toben zu können.

Fabienne spricht gern mit ruhigen Schafen

Fabiennes sprachliche Entwicklung ist stark verzögert. Auch grobmotorisch hinkt die Fünfjährige ihren Altersgenossen hinterher. So klettert sie unsicher und geht die Treppe noch im Nachstellschritt. Hüpfen oder Stehen auf einem Bein weicht sie aus, ihre Bewegungsfreude ist gebremst. Anfangs ist Fabienne auch auf dem Bauernhof schüchtern und erledigt ungern Aufgaben, die Bewegung verlangen. Bereits nach wenigen Wochen ändert sich das. Sie füttert und mistet die Tiere, hilft bei der Pflege und kann über längere Zeit bei der Arbeit bleiben. Beim anschließenden Freispiel kann sie sich selbstständig beschäftigen. Am liebsten mag sie die ruhigen Schafe. Ihnen erzählt sie von Zuhause und will mit ihnen an der Leine laufen. All das bringt sie ins Reden.

wundern sich die Tiere nicht über Stottern und vermeintlich komische Laute. Das ist wichtig, weil Lernen immer mit Emotionen und sozialen Erfahrungen verbunden ist. Außerdem gibt es auf dem Hof viel Gesprächsstoff. Sei es, indem sich die Kinder untereinander über die Tiere unterhalten, sei es, um Erfahrungen, Erlebnisse oder Beobachtungen mit den Tieren zu schildern, oder einfach, indem die Kinder den Tieren zuliebe um etwas fragen.

Natürlich können Kinder mit sprachlichem Handicap bei allen Aufgaben rund um die Tiere mithelfen. Am meisten profitieren sie jedoch von Nahkontakten mit den Tieren. Hierbei sollten wir ihnen genug Zeit und Raum lassen, um mit unseren Bauernhoftieren ins Gespräch zu kommen.

Wer etwas über Tiere wissen will, muss fragen.

Denise fragt verständlich nach Schafleckereien

Denises Sprachentwicklung ist deutlich verzögert. Da sie die Konsonanten und zum Teil ganze Silben am Wortanfang weglässt, ist ihre Spontansprache völlig unverständlich. Trotzdem ist Denise ein sehr fröhliches, offenes Kind, das gerne spricht. Um sie intensiver fördern zu können, wechselte sie vom Regelkindergarten in einen Sprachheilkindergarten. In der Kindergartengruppe dort ist sie gut integriert und hat keine Probleme, wenn sie nicht verstanden wird. Auch den Tieren erzählt sie munter Geschichten von sich und ihren Freundinnen. Besonders wichtig ist ihr, dass es den Tieren gut geht. Immer wieder fragt sie uns, was die Schafe am liebsten fressen, und pflückt ihnen leckeren Klee und kleine Löwenzahnblättchen. Dabei übt sie sprechen, ohne es zu merken.

Einsatz bei emotionalen Störungen

Grenzfälle für Mensch und Tier

Man kann in die Tiere nichts hineinprügeln,
aber man kann manches aus ihnen herausstreicheln.

ASTRID LINDGREN

Kinder mit emotionalen Störungen haben meist Traumata erlebt und deshalb kein Vertrauen zu Erwachsenen oder anderen Kindern. Oft sind diese Kinder von schrecklichen Erfahrungen mit ihren engsten Bezugspersonen geprägt und entsprechend misstrauisch. Kinder, die häusliche Gewalt erlebt haben, leiden jahrelang oder ihr ganzes Leben unter diesen Folgen. Den meisten fällt es schwer, sich zu öffnen oder Freundschaften zu schließen.

Thorben öffnet sich bei den Tieren

Thorben wurde als Kind vernachlässigt und missbraucht. Als Sechsjähriger kam er vom Elternhaus in eine Pflegefamilie. Der Wechsel der Bezugspersonen löste bei ihm eine reaktive Bindungsstörung aus: Er ist emotional instabil und entwickelt keinen festen Bezug zu anderen Personen. Es fällt ihm schwer, mit anderen Kindern zu spielen. Er verhält sich gehemmt und ängstlich. Daneben leidet er an einer Enkopresis, das heißt, er kotet immer wieder ein. Die Pflegeeltern und Ärzte wissen nicht, ob dies gewollt oder ungewollt geschieht. Die tiergestützten Einheiten sollen ihm helfen, seine Ängste zu überwinden, und ihn für emotionale Nähe sensibilisieren. Als er die fürsorgliche Mutter-Kind-Beziehung zwischen unserer Kuh Paula und ihrem Kalb beobachtet, gelingt es uns, ihn aus der Reserve zu locken: Erstmalig können wir mit ihm über Vernachlässigung und Missbrauch sprechen. Beim Versorgen und Pflegen der Tiere erlebt er, was es heißt, sich liebevoll um andere zu kümmern. Dabei können wir seine Probleme bearbeiten.

Die hilflosen, herzergreifenden Katzenkinder vermitteln den Kindern sofort ein Gefühl der Fürsorge. Allerdings bestimmen unsere Hofkatzen selbst, wie oft und wie lange sie an Tiergestützten Interventionen teilnehmen möchten. Sie sind daher nur Co-Therapeuten auf Zeit.

Florian zeigt den Ziegen Zuneigung

Seine Eltern haben Florian total vernachlässigt, was ihn aggressiv und aufsässig gemacht hat. Seine Aggressionen richten sich gegen andere und sich selbst: Er rupft sich die Haare aus oder verletzt sich. Auf dem Bauernhof gibt er sich draufgängerisch und distanzlos. Unsere Anweisungen und Regeln machen ihn wütend und widerborstig. Zunächst müssen wir unsere Tiere regelrecht vor ihm schützen. Als er merkt, dass sich selbst die mutigen Ziegen von ihm abwenden, beschwert er sich. Anhand der Reaktionen der Tiere können wir ihm seine Verhaltensweisen bewusst machen. Nach und nach schafft er es, bei den Ziegen seine Gefühle zuzulassen. Immer wieder streichelt er die Ziegen und erklärt ihnen, dass sie vor ihm keine Angst zu haben brauchen. Auf dem Bauernhof kann sich Florian in die Tiere einfühlen und in die Gruppe integrieren. Leider hat sich sein oppositionelles Verhalten in der Schule und zu Hause dadurch nicht verändert.

Für den Kontakt mit unseren Bauernhoftieren sind traumatisierte Kinder jedoch sehr zugänglich. Schließlich haben sie mit Tieren keine schlechten Erfahrungen gemacht. Die Tiere kennen ihre »Vorgeschichte« nicht, leben ganz im Moment und vermitteln den Kindern Vertrauen, Nähe, Geborgenheit und Sicherheit. Das, wonach sich traumatisierte Kinder sehnen. Wer Tiere streichelt, baut nachweislich Stress, Trauer, Aggressionen oder Depressionen ab. Verschüttete oder verdrängte Bedürfnisse nach Kontakt und Nähe lassen sich mit Tieren (re-)aktivieren. Interaktionen mit Tieren helfen, soziale Ängste abzubauen. Beim Umgang mit Tieren erleben sich die Kinder als kompetent handelnde Wesen und lernen, Verantwortung für sich und andere zu übernehmen.

Auf Kind und Tier achten

Allerdings muss die Fachkraft hier besonders aufmerksam sein und neben dem Kind auch immer das Wohl der Tiere im Blick behalten. Denn traumatisierte Kinder sind in der Regel psychisch instabil. Manchmal geben sie selbst erlebte Wut und Aggression an andere Lebewesen weiter.

So haben wir zum Beispiel erlebt, dass ein Kind mit emotionaler Störung unser Kaninchen fast erwürgte. Dieses Kind spürte nicht, wie weh es dem Tier damit tat. In solchen Fällen kommen selbst wir als erfahrene Fachkräfte manchmal an unsere Grenzen. Deshalb kommen traumatisierte Kindern immer einzeln zu uns. Außerdem empfehlen wir, mit »stabilen« Tieren wie Schafen und Ziegen zu beginnen. Gelingt es uns nicht, die Kinder zu einem guten Umgang mit den Tieren zu bewegen, müssen wir schlimmstenfalls im Interesse unserer tierischen Partner einen Klienten ablehnen.

Grundsätzlich gilt: Die Tiergestützte Intervention unterstützt, ersetzt aber keine andere Therapieform. Kinder mit emotionaler Störung, ausgelöst durch sexuellen Missbrauch oder andere Gewalt, brauchen parallel immer eine Psychotherapie. Idealerweise ergänzen sich die beiden Maßnahmen.

Manche Kinder müssen den liebevollen Umgang untereinander und mit anderen Wesen erst (kennen-)lernen.

Ein großes Dankeschön an Kinder und Eltern

Die Bilder auf dieser Seite sind gestellt, um zu zeigen, wie Jung und Alt nicht mit Tieren umgehen dürfen. Um die Persönlichkeitsrechte der Kinder zu schützen, können und möchten wir nicht alle Kinder im Buch zeigen. Auch sind alle Namen geändert. An dieser Stelle möchten wir uns ganz herzlich bei den vielen Eltern bedanken, die uns die Erlaubnis zur Veröffentlichung gegeben haben. Ohne die berührenden Fotos hätten wir unsere Arbeit nie so lebendig und praxisnah vorstellen können.

Methodik, Materialien und Selbstkontrolle

Qualität ist das Produkt der Liebe zum Detail.

ANDREAS TENZER

Die Entscheidung, welche Kinder an der Tiergestützten Intervention auf unserem Bauernhof teilnehmen, treffen die Lehrkräfte der sonderpädagogischen Einrichtungen in Absprache mit den Therapeuten und den Erziehungsberechtigten. Bisher nur vereinzelt kommen Kinder auf Anraten von Ärzten oder Therapeuten zu uns auf den Hof, weil die Tiergestützte Intervention mit Bauernhoftieren noch kaum bekannt ist.

Maßgeschneiderte Förderziele bestimmen

Gemeinsam mit den beteiligten Lehrkräften und Therapeuten legen wir individuelle Förderziele für jedes Kind fest. Diese Ziele zu formulieren und auch den Eltern zu kommunizieren, sorgt für eine gewisse Transparenz. Die Ziele werden nach der SMART-Regel formuliert:

S – spezifisch, konkret (präzise und eindeutig formuliert)
M – messbar (quantitativ oder qualitativ)
A – attraktiv (positiv formuliert, motivierend)
R – realistisch (das Ziel muss erreichbar sein)
T – terminiert (bis wann?)

Am Anfang kann es kompliziert sein, die Förderziele nach SMART aufzustellen, weil wir die Kinder erst kennenlernen und ihr Verhalten gegenüber den Tieren beobachten müssen. Besonders das Terminieren fällt am Schreibtisch schwer. Um festzulegen, bis wann unsere Klienten welche Fortschritte machen sollen, brauchen wir selbst etwas Zeit. Im Verlauf der Einheiten lässt sich das Förderziel immer klarer formulieren und zeitlich konkretisieren. Zum Beispiel: Ab nächster Woche soll Martina ohne Handführung zu den Tieren auf die Weide laufen. Oder: Innerhalb der nächsten vier Wochen sollen Hilde und Petra den Stall selbstständig ausmisten können. Letztendlich geht es aber immer darum, dass die Kinder ihren Alltag besser meistern können.

Förderziele bestimmen und Einheiten planen

So packen wir es an

Ist die Entscheidung getroffen und liegt die Einverständniserklärung der Eltern vor, sprechen wir zunächst ausführlich mit den Fachleuten über die Kinder, um daraus entsprechende Förderziele formulieren zu können. Dabei studieren wir nicht stundenlang Krankenakten oder fixieren uns auf medizinische Diagnosen, sondern lassen uns lieber das Sozialverhalten des Kindes, seine Stärken und Schwächen in der Alltagsbewältigung und den Charakter beschreiben. Denn genau dort können Tiergestützte Interventionen helfen. Um die Förderziele zu erreichen, bedienen wir uns folgender Lernprinzipien und Zugangsweisen aus der Sonderpädagogik:

- Vom Bekannten zum Neuen
- Vom Leichten zum Schweren: Wir unterteilen die Aufgaben in Einzelschritte und konzentrieren uns zunächst auf eine Sache. Dabei lassen wir uns Zeit und üben so lange, bis sich die Handlungsabläufe gefestigt haben (Üben übt).
- Gewähren von größtmöglicher Selbstständigkeit: Nur bei Bedarf oder Gefahr schreiten wir ein.
- Differenzierung: Jedes Kind hat sein individuelles Anforderungsniveau, das sich im Laufe der Zeit verändert. Grundsätzlich gilt: Jeder macht, was er kann.
- Ganzheitlichkeit: Die Kinder arbeiten mit allen Sinnen und begreifen mit Kopf, Herz und Hand.
- Handlungs- und erfahrungsorientiertes Lernen: Die Kinder machen elementare lebenspraktische und sinnstiftende Erfahrungen und erleben Selbstwirksamkeit (siehe Seite 16).
- Ressourcenorientierung: Wir fördern die Stärken der Kinder statt uns auf die Schwächen zu fokussieren.

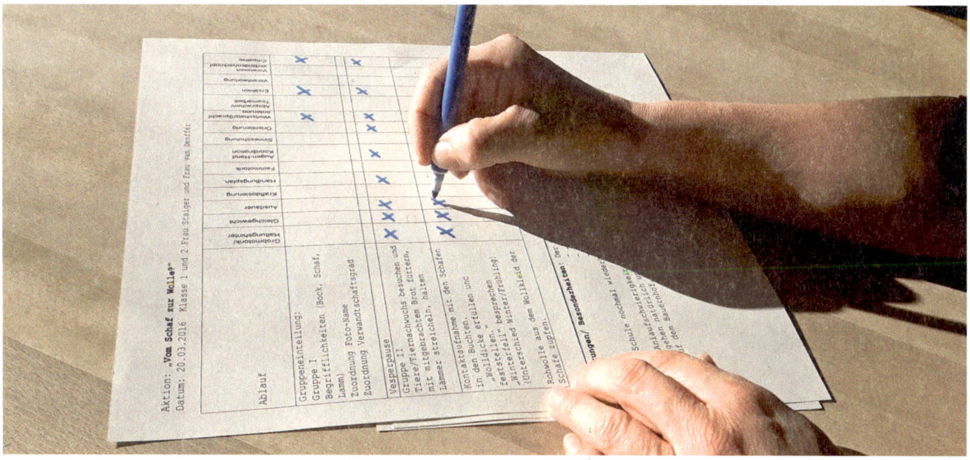

Damit die Tiergestützten Interventionen möglichst effizient sind, legen wir einen standardisierten Ablauf der Einheiten fest. Gerade für Kinder mit Handicap ist es hilfreich, wenn jedes Setting nach der gleichen Struktur aufgebaut ist. Dieser rote Faden bringt Sicherheit und dient der Orientierung. Damit wissen die Kinder, was sie erwartet, und können ihren Fähigkeiten mehr und mehr vertrauen.

Unsere gesammelten Erfahrungen sprechen dafür, dass die Tiergestützte Intervention auf dem Bauernhof bei fast allen Kindern positiv wirkt. Allerdings reicht oft der zeitliche Rahmen nicht aus, um bei allen Kindern stabile Verbesserungen zu erzielen, üblich sind zehn Termine, einmal wöchentlich. Um das Gelernte zu festigen und auch in der Schule und zuhause anzuwenden, bräuchten die Kinder mehr Zeit.

Aufbau einer Einheit Tiergestützter Intervention

Eine Einheit Tiergestützte Intervention folgt auf unserem Bauernhof einem standardisierten Ablauf und ist in vier Phasen gegliedert: Orientierungsphase, Planungsphase, Interventionsphase und Reflexionsphase oder Schlussphase.

Orientierungsphase

- Am Anfang besprechen oder wiederholen wir die Verhaltensregeln im Umgang mit den Tieren.
- Wir nehmen erstmals Kontakt zu den Tieren auf, begrüßen sie auf der Weide oder im Stall.

Planungsphase

- Wir besprechen die zu erledigenden Aufgaben und Arbeitsabläufe in der Gruppe: erst Tiere auf die Weide bringen, dann misten, dann einstreuen …

Interventionsphase

- Die Kinder erledigen die ihnen gestellten Aufgaben. Je nach Förderziel des einzelnen Kindes oder der Gruppe stehen unterschiedliche Tätigkeiten im Vordergrund.

Reflexionsphase oder Schlussphase

- Abschließend reflektieren die Kinder anhand unterschiedlicher Materialien, zum Beispiel Tierfiguren, Handpuppen, Fragen am Glücksrad, was sie erlebt haben. Was war gut? Was war schön? Wie ging es mir dabei? Wir versuchen eventuelle Wünsche beim nächsten Mal zu berücksichtigen.
- Ausblick auf die nächste Einheit: Was machen wir nächste Woche?
- Wir verabschieden die Tiere auf der Weide oder im Stall.

▶ Mit den Eltern ins Gespräch kommen

Bewährt hat sich außerdem, die Eltern beim letzten Setting zu einer Abschlussveranstaltung einzuladen. Dort zeigen ihre Kinder, was sie auf dem Hof gelernt haben. Aus den Reaktionen der Eltern können wir entnehmen, ob die auf dem Hof gemachten Fortschritte der Kinder auch für ihr Umfeld spürbar sind. Auch Hoffeste und Schulfeste eignen sich, um mit den Eltern ins Gespräch zu kommen.

Rückmeldungen von Eltern zur Tiergestützten Intervention auf unserem Bauernhof

Aus einer Umfrage von uns an Eltern von Kindern, die an Tiergestützten Interventionen auf unserem Bauernhof teilnahmen: »Ihr Kind besucht nun seit einigen Wochen zusammen mit anderen Schülern montags unserer Bauernhof. Wir würden uns sehr freuen, wenn Sie uns kurz Ihre Eindrücke schildern.«

»Lukas erzählt sehr viel vom Bauernhof, obwohl er sonst sehr wenig erzählt. Im Bereich Verantwortung hat er Fortschritte gemacht und hat auch Ängste zu einigen Tieren überwunden. Es war eine tolle Erfahrung für mich, Lukas mit so einer Begeisterung etwas erzählen zu hören.«

(Mutter von Lukas)

»Tim erzählte viel von der Eselfamilie, er konnte alle Namen aufsagen. Es machte ihm auch Spaß, dass es nur vier Kinder waren, die er alle mit Namen kannte. Das gab ihm Selbstvertrauen. Sonntags war es ihm immer sehr wichtig, dass wir die Stallkleidung schon zusammenstellten, sodass er sich am Montag nur noch anzuziehen brauchte.«

(Mutter von Tim)

»Hannah geht von sich aus zwischenzeitlich auf Menschen, zum Beispiel die Nachbarn, zu und beginnt von sich aus Gespräche. Es ist klar erkennbar, dass Hemmungen bei ihr abgebaut werden konnten. Wenn es darum geht, eigenverantwortlich Tätigkeiten auszuüben, zum Beispiel Einkaufen im Nachbarort, Briefe austragen, bei Festivitäten Tische abräumen, zeigt sie große Motivation und bewältigt die Aufgaben gut und selbstständig. Dies erfüllt sie mit großem Stolz.«

(Vater von Hannah)

»Dominik freut sich immer auf den Bauernhoftag. Er ist mehr ausgelastet und verbindet seine Eindrücke auf dem Bauernhof mit seinem Alltag. Ganz besonders macht ihm die Arbeit, zum Beispiel das Ausmisten, Spaß.«

(Familie von Dominik)

Die Kinder zeigen ihren Eltern, was sie alles können.
Zum Beispiel Kartoffeln pflanzen für die Tiere und Wolle filzen.

Selbstkontrolle und Evaluation
Immer schön objektiv bleiben

Wie sehr wir noch am Anfang stehen, vermittelt eindrücklich ein Zitat von Isaac Newton: »In der Wissenschaft gleichen wir alle nur den Kindern, die am Rande des Wissens hie und da einen Kiesel aufheben, während sich der weite Ozean des Unbekannten vor unseren Augen erstreckt.«

Die positive Wirkung unserer Bauernhoftiere lässt sich bisher kaum beweisen. Denn häufig geht es um innere Prozesse und Entwicklungen, die wir nicht mit Messungen belegen können. Um die erwünschten Effekte objektiv nachweisen zu können, müssten Wissenschaftler unter anderem unsere tiergestützt arbeitenden Kinder mit nicht oder anders therapierten Kindern vergleichen. Natürlich wären wir gerne bereit, an solchen Vergleichsstudien teilzunehmen.

Unabhängig von einer wissenschaftlichen Anerkennung der Tiergestützten Intervention müssen wir selbst objektiv bleiben. Da wir mit unseren Tieren arbeiten und wissen, wie gut sie uns selbst tun, sind wir von unserer Art der Förderung natürlich überzeugt. Daher müssen wir aufpassen, dass wir unsere Kompetenzen nicht überschätzen und uns die erhofften positiven Wirkungen nicht nur einbilden. Um den tatsächlichen Erfolg zu kontrollieren, müssen wir uns mit den Bezugspersonen der Kinder, vor allem mit den zuständigen Lehrern, Therapeuten und Angehörigen, austauschen sowie unsere Arbeit stets reflektieren und verbessern. Dabei sollten wir nach dem Motto des Unternehmers und Designers Philip Rosenthal handeln: »Wer aufhört, besser zu werden, hat aufgehört, gut zu sein.«

Von Anfang an haben wir daran gearbeitet, Verhaltensänderungen unserer Klienten objektiver nachweisen zu können. Dazu haben wir verschiedene Methoden ausprobiert. Zunächst haben wir Eltern, Lehrer und Therapeuten am Ende eines Interventionszyklus hinsichtlich der Befindlichkeit der Kinder befragt. Dabei haben sich aber unsere selbst entworfenen Multiple-Choice-Fragebögen als wenig aussagekräftig erwiesen. Denn die Befragten neigten dazu, uns zuliebe das sozial Erwünschte anzukreuzen.

Der zweite Versuch, die Eltern mit offenen Fragen zu interviewen, ist methodisch besser. Allerdings müssen wir uns dabei auf wenige zentrale Fragen beschränken. Zu viele Fragen überfordern die Eltern. Außerdem lassen sich Antworten auf offene Fragen auch nur schwer standardisiert auswerten.

Damit die Eltern die beobachteten Verhaltensänderungen ihrer Kinder auf dem Hof im Rahmen der Interviews besser beurteilen können, erhalten sie Fotos, die ihre Kinder bei der Bewältigung der Aufgaben zeigen.

Offene Stalltüren: Hoffeste sind gute Gelegenheiten, um mit Eltern ins Gespräch zu kommen. Die Kinder zeigen ihren Familien den Hof.

Inzwischen gibt es verschiedene Verfahren zur Messung der Ergebnisqualität. Besonders das in der Psychotherapie oder in der medizinischen Rehabilitation erprobte Verfahren »Goal Attainment Scale« (GAS) wird auch bei Tiergestützten Interventionen eingesetzt. Bei der GAS bestimmt die Fachkraft zusammen mit dem Klienten, welches Ziel er erreichen möchte. Am Schluss werten beide gemeinsam aus, ob dieses Ziel erreicht wurde. Somit ist auch der Klient in der Mitverantwortung. Dieses Verfahren ist allerdings bei Kindern mit Handicap kaum durchführbar. Die Kinder können nur schwer verbalisieren, was sie erlebt haben, geschweige denn, was sie erreichen wollen oder erreicht haben. Möglich wäre es, dabei mit Bildabfolgen und Ähnlichem zu arbeiten. Weitere Probleme bereiten uns die mangelnde Abstraktionsfähigkeit und Objektivität der Kinder.

Hilfreiche Materialien

Ideen in Hülle und Fülle

Natürlich arbeiten wir am liebsten mit echten Tieren. Doch am Anfang, zum Üben, Erinnern oder bei schlechtem Wetter können uns folgende Materialien sehr helfen.

- Bauernhofregeln visualisieren: Jede Einheit beginnt damit, unsere Bauernhofregeln zu besprechen. Damit sie kinderleicht zu verstehen und zu merken sind, verdeutlichen wir die Regeln mit Fotos.
- Tierfiguren einsetzen: Als Einstieg verwenden wir gerne Tierfiguren des Spielzeugherstellers Ostheimer. Dieser Hersteller bietet ein großes Sortiment an Bauernhoftieren aus Holz. Die Kinder können den Figuren Fotos unserer Bauernhoftiere zuordnen oder damit Tierfamilien zusammenstellen. Zu den Figuren gibt es viel zu erzählen. Wie heißen die Tiere auf unserem Bauernhof? Was fressen die Tiere am liebsten?
- Mit Handpuppen durchspielen: Mit Handpuppen können wir den richtigen Umgang mit Tieren leicht vermitteln. Zum Beispiel zeigen, wo und wie sich die Tiere am besten anfassen, streicheln und pflegen lassen. Gerade bei Kindern mit emotionaler Störung lassen sich kritische Themen mit Puppenspielen gut aufarbeiten.
- Viel mit Fotos arbeiten: Bilder sagen mehr als Worte – das gilt auch bei uns. Wir setzen Fotos gerne ein, um die Verwandtschaftsbeziehungen zwischen unseren Tieren zu verbildlichen und auf die Pflege vorzubereiten. Denn damit die Kinder wissen, wo sie kräftig striegeln und bürsten dürfen und wo die Tiere empfindlich sind, müssen sie zunächst die Körperteile der Tiere kennenlernen. Dazu eignen sich Fotos der verschiedenen Körperbereiche.

Mit Handpuppen lässt sich der richtige Umgang mit Tieren vermitteln.

Fotos zeigen die Verwandtschaftsbeziehungen zwischen unseren Tieren.

Klappkarten als Erinnerungsstütze für Arbeitsabläufe

Im Fühlsäckchen Tierfutter, Federn und Wolle ertasten

- Magnettafel und Glücksrad: Magnettafeln mit Bildern und Bedürfniskarten der Tiere oder ein Glücksrad eignen sich für den Einstieg in die Tiergestützte Intervention oder als Abschluss einer Einheit.
- Bedürfnisdiamant besprechen: Der Bedürfnisdiamant zeigt den Kindern, was unsere Tiere benötigen. Damit lassen sich die Bedürfnisse einzelner Tierarten erklären und mit den menschlichen Bedürfnissen vergleichen.
- Mit Zeichnungen vermitteln: Zur Vermittlung der Körpersprache der Tiere und ihrer Stimmungen eignen sich Zeichnungen besser als Fotos. Die Kinder können die Bilder dann menschlichen Stimmungsbildern zuordnen.
- Mit Fühlsäckchen ins Thema einfühlen: Mit Fühlsäckchen können wir perfekt in Themen wie Ernte und Tierfutter einsteigen. Getreidekörner, Äpfel oder Maiskolben lassen sich in Fühlsäckchen verstecken und mit geschlossenen Augen ertasten. Geht es um eine Tierart, können wir typische Tierkleider wie Federn oder Wolle auf verschiedene Fühlsäckchen verteilen.
- Klappkarten als Merkhilfe fürs Misten: Unsere Klappkarten dienen als Erinnerungsstütze für die Kinder, um Handlungsabläufe zu verinnerlichen. Der abgebildete Mist mit Mistgabel erinnert sie daran, zuerst auszumisten. Sind die Kinder damit fertig, schlagen sie die nächste Klappkarte auf. Dort entdecken sie einen Strohballen und erkennen sofort, dass sie nach dem Misten einstreuen müssen. Und beim Symbol für Wasser erinnern sie sich, die Tränken zu reinigen.
- Sichtgläser für Mist und mehr: Vor dem Misten können die Kinder getrocknete Kotproben der unterschiedlichen Bauernhoftiere in Gläsern anschauen. Dann wissen sie, was es im Stall herauszuholen gilt. Das saubere Stroh soll schließlich im Stall bleiben.

Praktische Übungen mit Bauernhoftieren

Lang ist der Weg durch Lehren,
kurz und erfolgreich durch Beispiele.

SENECA

Mit allen Tieren

Los geht's

Die folgenden Beispiele sollen zum Nachahmen anregen. Natürlich gilt dabei: Alles ist freiwillig. Kein Kind muss etwas Bestimmtes machen. Die Erfahrung zeigt jedoch, dass die Kinder gerne mitmachen und sich gegenseitig motivieren.

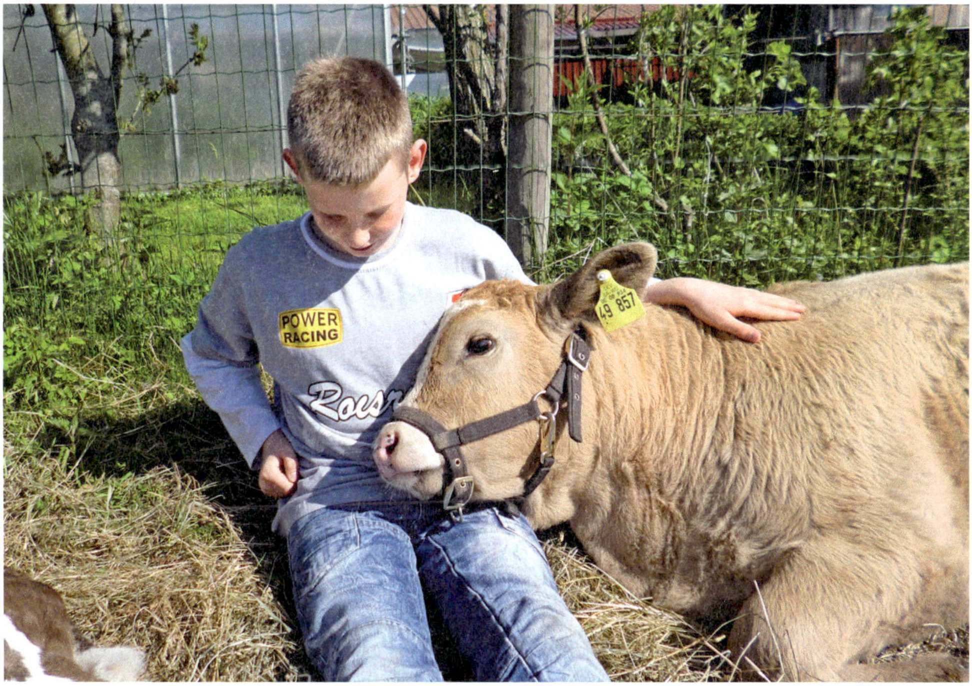

Schaf, Kuh und Co. kennenlernen
Das erste Mal muss schön sein

Die Idee: Viele Kinder haben gerade beim ersten Tierbesuch Berührungsängste und sind sehr schnell überfordert. Damit der erste Kind-Tier-Kontakt gelingt, müssen wir uns so viel Zeit nehmen, wie die Gruppe oder das Kind braucht. Schließlich legen wir hier den Grundstein für unsere weitere Arbeit.

Förderziele:
Mit sorgsamer Anleitung und Hilfestellung Gefahren vermeiden sowie Neugier und Freude statt Angst und Abneigung hervorrufen. | Offenheit, Vertrauen, Verständnis und daraus resultierend Wertschätzung für die Bauernhoftiere entwickeln. | Den richtigen Umgang mit den Tieren lernen, dabei das Selbstbewusstsein stärken und Verantwortung übernehmen.

▶ Zeit lassen für eine gute Beziehung

Profitipp: Der erste Kind-Tier-Kontakt bedarf einer intensiv begleiteten Annäherung. Ängstlichen Kindern sollten wir so viel Zeit lassen, wie sie benötigen. Bei verhaltensoriginellen Kindern hilft es, die Tierart auszuwählen, die das Verhalten widerspiegelt. Zum Beispiel flüchten Hühner sofort, wenn sich die Kinder ihnen zu laut oder zu schnell nähern.

Ben nähert sich Schritt für Schritt dem Huhn.

Hilfsmittel: Handpuppen oder Tierfiguren, wetterfeste laminierte Bildkarten mit Bauernhofregeln, Bildkarten, die die Stimmungen der einzelnen Tierarten zeigen, Fühlsäckchen oder Fühlkisten, Schaugläser (siehe Seite 145)

Los geht's:

1. Bauernhofregeln kennenlernen, am besten mit Bildern und einfachen klaren Botschaften. Beispiel: »Nicht füttern«.
2. Wichtige Verhaltensweisen einüben und nachspielen. Beispiele: mit den Kindern flüstern, sich langsam bewegen.
3. Mit Fotos oder Zeichnungen die Sprache der Tiere, die nonverbale Körpersprache, erklären. Beispiele: Stressanzeichen und Warnsignale verdeutlichen.
4. An Handpuppen zeigen, wie und wo sich die Tiere gerne berühren und streicheln lassen und wo sie sehr empfindlich sind.
5. Am Gehege die Tiere erst einmal »aus der Ferne« beobachten und ihr Verhalten »übersetzen«.
6. Dann folgen vorsichtige Berührungen über die Stallbucht oder durch den Zaun, sodass die Kinder jederzeit ihre Hände zurückziehen und dem Tier ausweichen können.
7. Erst wenn Angst oder Abneigung überwunden sind, dürfen die Kinder mit in den Stall oder auf die Weide. Dabei achten wir beim ersten Mal darauf, dass jedes Kind eine Bezugsperson hat, die den Kontakt mit dem Tier anbahnt.

Stall ausmisten und einstreuen
Wertvoll und lehrreich

Die Idee: So wie wir Menschen täglich nach dem Aufstehen unser Bett aufschütteln, damit es abends wieder schön gemütlich ist, wollen auch die Bauernhoftiere abends, wenn sie von der Weide kommen, eine saubere Bucht mit kuscheligem Stroh vorfinden. Beim Ausmisten und Einstreuen können sich die Kinder nach ihren individuellen Möglichkeiten einbringen. Am wichtigsten ist, dass jedes Kind das Gefühl hat, sein Beitrag ist wichtig. Die meisten Kinder haben keinerlei Probleme mit dieser »schmutzigen« Arbeit.

Förderziele:
Begrifflichkeiten wie Mistgabel, Misthaufen, Schubkarre kennenlernen. | Verschiedene Handlungsabläufe lernen: erst misten, dann einstreuen, dann … | Vielfältige motorische Fertigkeiten, die Hand-Auge-Koordination und den Gleichgewichtssinn fördern. | Selbstwertgefühl stärken: Die Kinder fühlen sich gebraucht und wertvoll. | Den Mensch-Tier-Kontakt verbessern und ein positives Feedback vermitteln: In der frisch gemachten Bucht knabbern die Tiere sofort am frischen Stroh.

▶ So gelingt die Reinigung
Profitipp: Die meisten Bauernhoftiere sind sehr reinlich und legen ihren Kot außerhalb oder am Rand des Liegebereiches ab. Wer diese Bereiche sparsam einstreut, erleichtert sich die Arbeit.

Beim Ausmisten sind alle Hilfsmittel erlaubt!

Kleine Mengen Stroh zu tragen, kann eine große Leistung sein.

Hilfsmittel: kindgerechte Mistgabeln, Rechen, Besen, Schubkarren, Kehrgarnitur, Eimer und Grasschere

Los geht's:

1. Das trockene, saubere Stroh an einer Seite der Box anhäufen.
2. Den kompletten Tierkot sowie nasses und verschmutztes Stroh entfernen. Auch die Winkel hinter der Futterraufe oder dem Salzleckstein nicht vergessen.
3. Gebrauchtes, noch sauberes Stroh im Stall verteilen.
4. Frische Strohschicht darüberstreuen: Pro 1 m^2 Fläche rechnet man mit etwa 1 kg Grundeinstreu. Einmal wöchentlich die komplette Einstreu ersetzen.
5. Außer Box und Auslauf sollten die Kinder auch die Futterstellen – Trog und Raufe – und die Tränken reinigen.

▶ Noch mehr aus dem Thema machen

- Auch die Weiden brauchen Pflege. Dabei können die Kinder die Kothaufen absammeln oder mit kindgerechtem Werkzeug Geilstellen mähen (die Kotstellen auf der Weide, wo sich gern Pflanzen wie Brennnesseln, die die Tiere nicht fressen, ansiedeln).
- Um den Kreislauf »Pflanzenwachstum« zu verstehen, können die Kinder beim Ausbringen des Mistes auf dem Feld oder im Garten und beim anschließenden Aufräumen des Mistplatzes mithelfen.

Die Kinder erleben, dass der von ihnen gesammelte Mist ein wertvoller Dünger ist.

Vorräte für Bauernhoftiere sammeln
Erfolgserlebnisse ernten

Die Idee: Kinder wollen gerne etwas für Tiere tun. Gemeinsam auf Feld und Flur Vorräte für Kuh und Co. zu sammeln, macht den meisten Kindern Spaß.

Förderziele:
Einfach und schnell Erfolgserlebnisse schaffen: ideal im Herbst. | Motorische Fertigkeiten fördern. | Futterpflanzen kennenlernen, wie Rüben, Mais, Sonnenblumen. | Mensch-Tier-Kontakt fördern: Die Tiere vertilgen Kostproben gleich und gern. | Vorsorgeprinzip und vorausschauendes Denken und Handeln begreifen und erleben: Wer im Sommer und Herbst keine Vorräte anlegt, kann im Winter keine Tiere füttern.

▶ Ab in die Natur
Profitipp: Meistens gehen wir zu Fuß auf Futterjagd. Noch mehr Spaß macht es, wenn der Esel mitkommt und unsere Lasten trägt. Wenn wir ganz viele Äpfel sammeln, kommt auch der Traktor zum Einsatz.

Hilfsmittel: Körbe, Eimer, Säcke, Kisten

Egal, ob Sonnenblume, Eichel oder Mais – beim Ernten schulen alle Kinder ihre Fingerfertigkeit.

Los geht's:

Je nach Jahreszeit finden die Kinder:

- auf den Feldern Getreide, Ackerbohnen, Erbsen, Sonnenblumen, Rüben oder Kartoffeln,
- im Wald Eicheln, Nüsse, Bucheckern und andere Schweinedelikatessen,
- auf der Streuobstwiese Äpfel und Birnen.

▶ Noch mehr aus dem Thema machen

- Aus den Vorräten ein Müsli machen (siehe Seite 155).
- Gemeinsam mit den Kindern können die Vorräte für den Winter eingelagert werden. Die Kinder lernen, welche Früchte sich wie lagern lassen.
- Manches Tierfutter schmeckt auch uns. Wir können aus Mais Popcorn, aus Kartoffeln Pommes, aus Äpfeln Saft oder getrocknete Apfelringe machen und vieles mehr.
- Auf den Streifzügen lassen sich auch Tiere in der Natur beobachten und thematisieren. Welche Wildtiere fressen welche Früchte im Wald und auf dem Feld?

Selbst gemachte Pommes und eigenes Popcorn schmecken allen.

Beim Enthüllen der Getreidekörner ist viel Fingerfertigkeit gefragt, beim Mahlen und Quetschen helfen uns Maschinen.

Mensch und Esel mögen Apfelmüsli.

Müsli für Bauernhoftiere machen
Korn und Co. kennenlernen

Die Idee: Was den Menschen schmeckt, kann auch für Bauernhoftiere ein wahrer Genuss sein. Da die meisten Kinder gerne Tiere füttern, machen sie gerne mit.

Förderziele:
Müsli und die Futterpflanzen und -ansprüche der einzelnen Tierarten kennenlernen. | Motorische Fertigkeiten fördern, zum Beispiel Flockenquetschen für das Müsli. | Mensch-Tier-Kontakt stärken: Weil die Tiere das Müsli gleich fressen, bekommen die Kinder sofort ein positives Feedback für ihr Handeln.

▶ Dieses Basismüsli schmeckt allen Bauernhoftieren

Profitipp: Für besonders eifrige Kinder oder zum Vergleichen der Arbeitsmethoden: Getreidekörner lassen sich auch einfach, aber mühsam mit Steinen mahlen. Dazu einfach Körner auf einen Stein legen und mit einem zweiten daraufschlagen. Aber Vorsicht, nicht die Finger dazwischen bringen.

Zutaten und Hilfsmittel: Körner von Gerste, Hafer, Dinkel, Roggen, Weizen, Mais, Ackerbohnen und Erbsen, Flockenquetsche, elektrische Getreidemühle oder Handmühle

Los geht's:
1. Getreidekörner freilegen: aus der Hülle oder dem Kolben lösen.
2. Getreidekörner mit der Flockenquetsche zu Flocken quetschen.
3. Ackerbohnen und Erbsen mit der elektrischen Getreidemühle oder Handmühle mahlen.
4. Alles gut mischen und mit etwas Wasser vermengen.
5. Müsli etwas ziehen lassen – und fertig!
6. Unter Aufsicht füttern. Achtung: Das Müsli ist als Leckerli gedacht, bitte wenig geben.

▶ Noch mehr aus dem Thema machen

- Je nach Jahreszeit und Tierart können unterschiedliche Kräuter, Früchte, Nüsse oder Kerne untergemischt werden: bei Kühen Rüben und Äpfel reinreiben, bei Schweinen selbst gesammelte Sonnenblumenkerne und Eicheln dazugeben.
- Parallel lässt sich ein leckeres Müsli für die Kinder herstellen und genießen. So können wir die menschliche und tierische Ernährung vergleichen, zum Beispiel dürfen süße Zutaten wie Honig nur ins Menschenmüsli.

Tiere richtig füttern
Macht Mensch und Tier glücklich

Die Idee: Tiere zu füttern ist ein Grundbedürfnis von uns Menschen. Gerade deswegen müssen die Kinder lernen, dass es hierfür Regeln gibt. Besonders das Füttern der Tiere aus der Hand bedarf besonderer Vorsicht.

Förderziele:
Futteransprüche der einzelnen Tierarten kennenlernen. | Mensch-Tier-Kontakt fördern und emotionale Erlebnisse schaffen. | Selbstbewusstsein aufbauen, besonders beim Füttern von großen Tieren. | Taktile Körpererfahrungen ermöglichen und Eigenwahrnehmung stärken: zum Beispiel raue Kuhzunge mit glatter Schafszunge vergleichen.

▶ Füttern gewusst wie

Profitipp: Tiere können häufig nicht zwischen der Hand und dem dargereichten Futter unterscheiden. Um auf Nummer sicher zu gehen, füttern die Kinder nicht allein, sondern nur gemeinsam mit uns. Damit die Tiere nicht fett und krank werden, sollte es möglichst keine zusätzlichen »Extrafütterungen« geben. Am besten helfen die Kinder bei der täglichen Grundversorgung der Tiere mit.

Körner, Gras und Kräuter – jede Tierart braucht die passende Nahrung. Alle freuen sich über Futtergaben.

Beim Füttern schützt die Hand der Erwachsenen die Kinderhand. Achtung: Bei den großen Tieren darauf achten, dass die Kinderhand flach bleibt.

Los geht's:

1. Von Besuchern mitgebrachtes Futter nur nach Rücksprache mit der Fachkraft verfüttern!
2. Esel generell nicht füttern (siehe ab Seite 88)!
3. Für große Tiere, zum Beispiel Kühe, Raufe und Futternetze auf der Weide und im Stall füllen.
4. Futter für Schweine und Hühner auf den Boden streuen.
5. Das Füttern aus der Hand ist nur eingeschränkt und nur unter fachkundiger Aufsicht erlaubt. Bei Schweinen lassen wir ganz die Finger davon, weil die Borstentiere kurzsichtig sind (siehe Seite 24). Bei allen anderen Tieren gilt: Am besten aus der flachen Hand mit angelegtem Daumen füttern, um Verletzungen zu vermeiden.

▶ Noch mehr aus dem Thema machen

- Die Kinder können mithelfen, Futter, zum Beispiel Heu, zu gewinnen: Gras mähen, mehrmals zum Trocknen wenden, dann ins Lager einbringen.
- Die Kinder können Verbotsschilder basteln und aufstellen, die anderen Hofbesuchern klar und freundlich vermitteln, warum sie unsere Tiere nicht füttern sollen.

Große Tiere haben großen Hunger: Futternetz im Stall und Raufe auf der Weide zu füllen, braucht Zeit.

Bei gut zugänglichen Beeten lässt sich auch im Rollstuhl gärtnern.

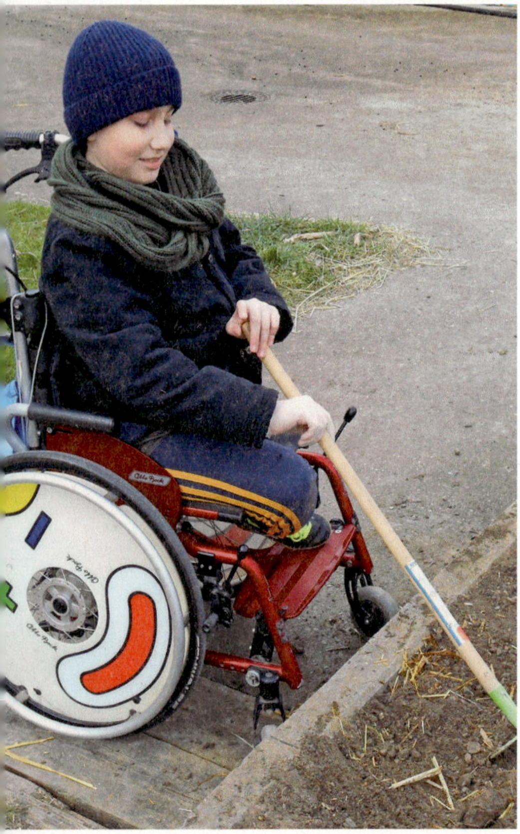

Das Anlegen eines Beetes gelingt auch ohne grünen Daumen.

Beete für Bauernhoftiere anlegen
Geschick und Geduld beim Gärtnern üben

Die Idee: Die Kinder legen im Herbst oder Frühjahr Gemüsebeete an. Je nach Platz wachsen dort unterschiedliche Gemüsearten und auch – wie auf einem richtigen Bauernhof – Getreide und Futterpflanzen. Die Ernte teilen sich die Kinder mit den Bauernhoftieren.

Förderziele:
Wissen über unsere Lebensmittel erweitern. | Getreidearten und Futterpflanzen kennenlernen, wie Ackerbohnen, Erbsen, Lupinen, Soja. | Wertschätzung gegenüber der Natur und der Arbeit der Bauern entwickeln und zu einem besseren sozialen Miteinander finden. | Fein- und grobmotorische Fertigkeiten fördern: Hacken, Rechen, Säen … | Verantwortung für Pflanzen übernehmen und Ausdauer üben.

▶ Beim Gärtnern gibt es viel zu tun und zu erleben

Profitipp: Am besten Sommergetreide wie Sommerweizen oder Hafer aussäen, denn es wird im Frühjahr gesät und in der Regel noch vor den Sommerferien geerntet. Das heißt: Die Kinder müssen nicht so lange warten wie beim Wintergetreide, das bereits im Herbst in den Boden kommen muss. Als Futterpflanzen eignen sich am besten Rüben und Kartoffeln, die fast immer gelingen. Besonders Futterrüben lieben alle Tiere.

Hilfsmittel: kindgerechte Rechen, Hacken und Schaufeln, Eimer und Gläser für das Absammeln von Steinen und Beikräutern

Los geht's:
1. Boden hacken und größere Steine absammeln.
2. Boden von Beikräutern und Beigräsern befreien, Mist einarbeiten.
3. Boden einebnen und harken.
4. Getreide und Futterpflanzen aussäen, Kartoffeln legen und anhäufeln.
5. Alles regelmäßig gießen. Am Schluss ernten und selbst genießen oder verfüttern.

▶ Noch mehr aus dem Thema machen

- Beikraut kennenlernen und seine Funktion in der Natur besprechen.
- Kartoffeln und Co. gemeinsam kochen und so etwas über die Lebensmittelverarbeitung erfahren.
- Den Wert des Bodens näher kennenlernen, einen Komposthaufen oder eine kleine Regenwurmfarm anlegen.

Was besondere Tierarten bieten
Noch viel mehr machen

Unterstand bauen
Schreinern für die Schweine

Die Idee: Schweine brauchen Schutz vor Regen und Kälte, aber auch vor direkter Sonne. Einen Unterstand zu bauen, macht allen Kindern Spaß. Sie sind motiviert und freuen sich auf das Ergebnis.

Dieser Schweineunterstand ist ausreichend für zwei Minischweine. Je nach Rasse und Anzahl der Schweine müssen wir seine Länge und Höhe anpassen.

Förderziele:
Kognitive Fähigkeiten (Bauplanung) entwickeln und Handlungsabläufe (Bauarbeiten) üben. | Erfahren, welche Bedeutung Schutz vor Sonne, Niederschlag, Wind und Nässe für Tier und Mensch hat. | Vielfältige motorische Fertigkeiten und den Mensch-Tier-Kontakt fördern: Die Schweine erkunden den Unterstand sofort, wodurch die Kinder gleich ein positives Feedback für ihr Handeln erhalten.

Unseren Minis zuliebe sind die Kinder hoch konzentriert und handwerklich aktiv: Richtfest beim Unterstand.

▶ Auch Schweine mögen es heimelig

Profitipp: Beim Bau des Unterstandes verzichten wir auf Nägel und Schrauben, weil diese Tier und Mensch verletzten können. Gerade Schweine nagen sehr gerne am Holz und ein Unterstand verwittert im Laufe der Zeit. Die Nägel liegen dann frei.

Hilfsmittel: 9 Holzstangen (Länge etwa 1,20 m, Durchmesser 5 bis 10 cm), Äste und Reisig, Kokosgarn, Hammer, Sägen, Ziehmesser zum Schnitzen der Stangen

Los geht's:

1. Acht Stangen an einer Seite anspitzen.
2. Die angespitzten Stangen in Form von vier überkreuzten Paaren im Winkel von etwa 45 Grad mit einem Hammer in die Erde einschlagen (Abstand der Stangenpaare: etwa 50 cm): Sie bilden die Rahmenkonstruktion oder das Grundgerüst.
3. Neunte Stange als Firststange in die Schere legen und mit Garn verknüpfen.
4. Zur Stabilisierung die Stangen horizontal mit Garn verflechten.
5. Im Wald gesammelte Äste und Reisig etwa 1 m lang zuschneiden und in das Garn einflechten.

▶ Noch mehr aus dem Thema machen

- Auch andere Bauernhoftiere brauchen einen passenden Unterstand.

Sägen und Flechten für die Minischweine

Minischweine trainieren
Neuer Schwung für Kind und Tier

Die Idee: Wildschweine sind zur Futtersuche täglich lange unterwegs. Auch Minischweine haben diesen Trieb. Allerdings bieten Stall und Außengehege zu wenig Abwechslung, um den Tatendurst der Minis zu stillen. Im Gegensatz zu Hunden oder Katzen spielen Schweine nicht. Beim Schweinetraining beschäftigen die Kinder die intelligenten Tiere. In der freien Wildbahn lernen Wildschweine durch Versuch und Irrtum, das heißt erfolgsorientiert. Was sich nicht lohnt, wird nicht wiederholt. Bei Minis ist das genauso.

Förderziele:
Tierwohl der Minis verbessern und lernen: Gelangweilte Schweine sind unzufrieden. | Motorische Fertigkeiten und den Mensch-Tier-Kontakt fördern: Die motivierten Borstentiere verschaffen den Kindern sofort ein positives Feedback. | Kognition unterstützen: Die Kinder überlegen sich immer wieder neue »Kunststücke« für die Minis.

▶ Schweine sind kluge Köpfchen

Profitipp: Schweine sind kurzsichtig. Deshalb Leckerlis nehmen, die sie gut riechen, schnell aufnehmen und schlucken können. Ansonsten sind sie »ewig« mit Suchen und Fressen beschäftigt.

Schweine sind leicht zu motivieren und bringen die Kinder in Schwung und auf neue Ideen.

Hilfsmittel: Leckerlis, zum Beispiel Rosinen, Popcorn, Maiskörner, Käsewürfel, und Sportgeräte wie Reifen, Tunnel, Teppich, Wippe

Los geht's:

1. Herausfinden, was den Schweinchen am besten schmeckt.
2. In einem kleinen, leichten Teppich die Lieblingsleckerlis verstecken und den Teppich einrollen. Den eingerollten Teppich dem Mini vor den Rüssel legen. (Schweine sind sehr neugierig, alles was man ihnen vor den Rüssel legt, wird sofort erkundet).
3. Das Schweinchen erforscht den Teppich mit dem Rüssel, riecht dabei die Leckerlis, stupst automatisch die Rolle an und rollt den Teppich aus.
4. Motiviert durch den Erfolg, wird sich das Mini daran erinnern und künftig den Teppich ausrollen, auch ohne dass es Leckerlis erhält, einfach aus Spaß.

▶ Noch mehr aus dem Thema machen

- Die meisten Minis passen durch einen Spieltunnel: Legt man dem Mini einen Tunnel mit ein paar Leckerlis vor den Rüssel, erforscht das Schwein den Tunnel und läuft ohne Mühe hindurch.
- Genauso schnell lernt ein Mini über eine Brücke oder Wippe zu laufen, einen Ball anzustoßen und vieles mehr. Der Fantasie der Kinder sind keine Grenzen gesetzt.

Die Spannung steigt: Wann kippt die Wippe?

Das Anlegen der Suhle schult motorische Fähigkeiten und ist ein saustarkes Erlebnis.

Kaum ist das Badezimmer fertig, nutzen die Schweine es eifrig und bauen selbst weiter.

Konstantin hat einen harzigen Scheuerstamm gefunden.

Eine Schweinesuhle ausheben
Buddeln und Matschen am Hofstrand

Die Idee: Eine Suhle ist eine flache, schlammige Erdsenke, die mit wenig Wasser gefüllt ist. Die Schweine baden darin, um störende Parasiten loszuwerden. Beim Anlegen der Suhle dürfen die Kinder, wie am Strand, nach Lust und Laune mit Schaufeln, Spaten oder Händen buddeln und Wassergräben, Rinnsale und Zuläufe bauen. Das macht ihnen viel Freude.

Förderziele:
Artgerechte Schweinehaltung kennenlernen. | Vorurteile gegenuber »dreckigen« Schweinen abbauen und über Körperpflege von Mensch und Tier ins Gespräch kommen. | Feinmotorische Fertigkeiten (Kneten des Matsches) und grobmotorische Bewegungen (Ausheben und Abtransportieren des Bodens) fördern. | Emotionen ansprechen: begeisterte Schweine. | Taktile Körpererfahrungen ermöglichen und Eigenwahrnehmung stärken.

▶ So fühlen sich Schweine sauwohl
Profitipp: Der Untergrund einer Suhle sollte nicht aus Sand bestehen, weil das Wasser sonst zu leicht versickert. Sandboden sollte man daher mit Lehm oder Ton auskleiden.

Hilfsmittel: Schaufeln, Spaten, Gießkannen, eventuell Lehm oder Ton

Los geht's:
1. Beobachten, an welcher Stelle die Schweine gerne buddeln und sich wälzen.
2. Diese Stelle mit dem Spaten auf einer Fläche von etwa 1 m² lockern und die Erde 20 bis 25 cm tief ausheben.
3. Die Suhle mit Wasser füllen.
4. Normalerweise übernehmen die Schweine nach einer Weile die Baumaßnahme und wühlen weiter, bis die Suhle etwa 2 m² groß ist.

▶ Noch mehr aus dem Thema machen
- Nicht vergessen: Die perfekte Suhle hat in der Nähe einen Scheuerstamm. Das macht die Körperpflege noch effektiver. Am besten eignen sich stark harzende oder grobborkige Baumarten wie Lärche, Kiefer, Fichte oder Douglasie.

Kühe melken von Hand
Den richtigen Dreh finden

Die Idee: Eine Kuh von Hand zu melken und ihre Milch kuhwarm zu trinken, sind unvergessliche Erlebnisse.

Förderziele:
Fingerspitzengefühl und Koordination stärken. | Ausdauer und komplexe Handlungsabläufe üben und Erfolgserlebnisse ermöglichen. | Milch und tierische Milchlieferanten schätzen lernen. | Empathie für die Kuh entwickeln.

▶ Übung macht den Melkmeister
Profitipp: Wer keine Erfahrung mit dem Melken hat, lässt es sich am besten von einer Bäuerin zeigen.

Hilfsmittel: Übungsmelkgestell, Putztücher, Eimer mit warmem Wasser, Hocker, Eimer oder Schüssel zum Auffangen der Milch

Los geht's:
1. Zuerst am Übungseuter melken üben, um den richtigen Dreh und Druck herauszufinden. Ansonsten könnten wir der Kuh weh tun.
2. Der Kuh ein Halfter anlegen und sie mit einem Führstrick an einen Pfosten anbinden oder gut festhalten.
3. Die Kuh anreden und mit Streicheleinheiten am Bauch auf das Melken vorbereiten.
4. Die Zitzen mit einem weichen, leicht feuchten Tuch vorsichtig reinigen.
5. Anschließend die Zitzen mit einem trockenen Tuch abreiben. Dabei wird gleichzeitig das Gewebe sanft massiert, sodass die Milch einschießt.

Wer das Modell melken kann, ist reif für die Kuh.

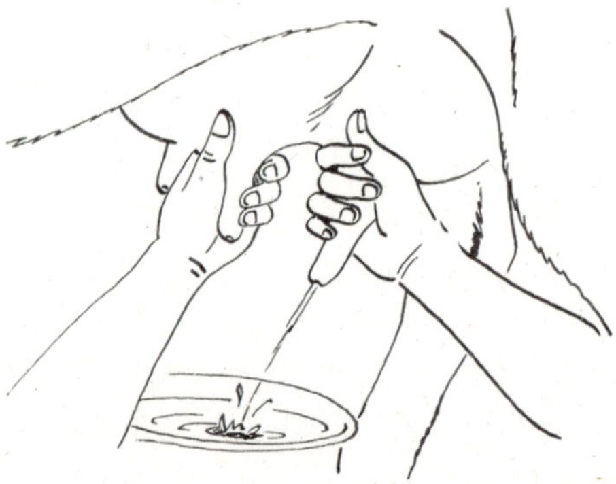

Handgriff beim Melken (Ringschluss)

6. Danach einen Eimer unter das Euter stellen und wenn möglich mit den Beinen festhalten, damit die Kuh ihn nicht umwirft.
7. Nun mit beiden Händen jeweils mit dem Zeigefinger und Daumen die zwei Zitzen einer Euterseite umgreifen, sodass die Zitzen einen sogenannten »Ringschluss« bilden. Die eine Hand leicht nach oben schieben, sodass sich die Zitze füllen kann. Nun mit den drei anderen Fingern dieser Hand und dem Handballen die Milch vorsichtig aus der Zitze herausdrücken. Dann mit der anderen Hand und Zitze wiederholen und im Wechsel arbeiten. Durch das fortlaufende Drücken der Finger von der Mitte bis zum kleinen Finger spritzt aus einer der beiden Zitzen die Milch in einem Strahl in den Eimer, während sich die andere Zitze gerade wieder füllt. Nach dem Melken der einen Euterseite auf der anderen Seite ebenso verfahren.
8. Achtung: Ruckartige Bewegungen vermeiden, nicht an den Zitzen reißen oder ziehen, um der Kuh nicht weh zu tun und Euterentzündungen zu vermeiden.
9. Selbst gemolkene Milch kuhwarm genießen.

▶ Noch mehr aus dem Thema machen

- Die Kinder können einen modernen Bauernhof mit Melkkarussell oder Melkroboter besuchen und dort das maschinelle Melken kennenlernen und vielleicht ausprobieren.
- Die Kinder können verschiedene Milcharten kennenlernen, vergleichen und probieren: H-Milch, fettarme Milch, frische Vollmilch, laktosefreie Milch. Was schmeckt am besten?
- Aus Kuhmilch, Zitronensaft, Salz und verschiedenen Kräutern lässt sich kinderleicht ein Frischkäse herstellen.

Butter selbst herstellen

Schnelle Gaumenfreuden

Die Idee: Aus dem Rahm der selbst gemolkenen Milch oder aus gekaufter Sahne können wir schnell etwas Leckeres mit den Kindern zaubern. Frische Butter und Buttermilch bieten ganz neue Geschmackserlebnisse.

Förderziele:
Herstellung von Butter und Buttermilch erleben. | Beim Schütteln des Rahms motorische Fertigkeiten fördern. | Schnelle Erfolgserlebnisse schaffen: Nach dem Schütteln lässt sich die Butter direkt genießen. | Milch, aber auch die Kühe als Milchlieferanten schätzen lernen.

▶ Diese Butter schmeckt garantiert!

Profitipp: Das Butterschütteln gelingt immer und geht schnell. Für etwa zehn Kinder nehmen wir 200 ml Sahne (entspricht einem üblichen Becher Sahne). Für größere Buttermengen helfen Handrührgerät oder ein spezielles Butterglas.

Hilfsmittel: selbst gemolkene Milch oder gekaufte Sahne, Schraubglas (etwa 400 ml Volumen), Sieb, Schüssel zum Auffangen der Buttermilch, Butterform, Trinkglas zum Probieren der Buttermilch, eventuell etwas Salz

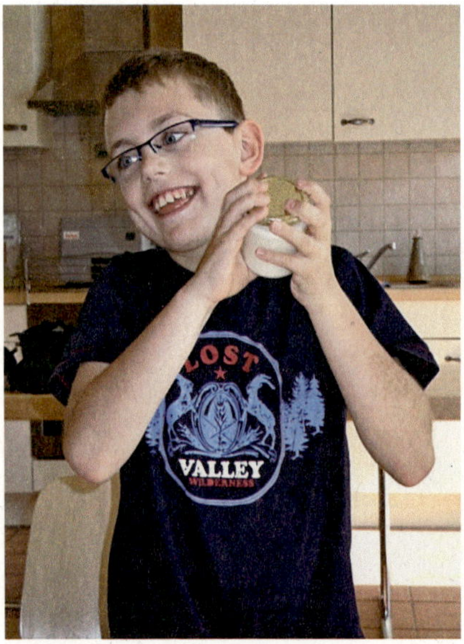

Schütteln, abgießen und schmecken – selbst gemachte Butter ist besonders cremig.

So bringen wir die Butter in Form.

Los geht's:

1. Rahm der gemolkenen Milch abschöpfen oder gekaufte Sahne verwenden: Beides muss gekühlt sein!
2. Rahm beziehungsweise Sahne in das Schraubglas füllen.
3. Glas fest verschließen. Kräftig schütteln, die Kinder können sich abwechseln. Nach ein paar Minuten hat der Rahm die Konsistenz von Schlagsahne. Nach fünf bis zehn weiteren Minuten schwimmt ein gelber Butterklumpen in einer dünnflüssigen weißlichen Milchflüssigkeit.
4. Inhalt durch ein Sieb in eine Schüssel gießen. Der Butterklumpen bleibt im Sieb, die Buttermilch fließt in die Schüssel.
5. Butter mit den Händen kräftig ausdrücken. Nach Bedarf mit etwas Salz würzen.
6. Eventuell in eine Butterform drücken. Dabei die Hände zuerst in warmes und anschließend kaltes Wasser tauchen, damit die Butter nicht an den Händen kleben bleibt.
7. Butter und Buttermilch im Kühlschrank kalt stellen.
8. Selbst gemachte Butter und Buttermilch probieren und genießen.

▶ Noch mehr aus dem Thema machen

- Je nach Jahreszeit können Kräuter gesammelt und beigemischt werden (Bärlauch, Petersilie, Kresse, Schnittlauch, Wildkräuter).
- Beeindruckend ist auch der Besuch einer Molkerei.

Die Zentrifuge trennt die Sahne von der Milch.

Schafwolle verarbeiten
Massenhaft Förderstoff

Die Idee: Schafe verlieren im Frühjahr natürlicherweise ihre Wolle. Unsere Schafrasse muss nicht geschoren werden, sondern verliert ihre Wolle selbstständig. Die meisten Kinder lieben es, die selbst eingesammelte Schafwolle zu verarbeiten.

Förderziele:
Die komplexe Wollverarbeitung und traditionelle Handwerkstechniken erleben. | Intensive taktile Erfahrungen ermöglichen und Kreativität beim Färben, Filzen und mit Wollkunstwerken fördern. | Feinmotorik besonders vielfältig fördern: Zupfen, Kardieren, Filzen … | Wollkleidung und Wolltiere noch mehr schätzen lernen.

▶ In der Schafwollwerkstatt

Profitipp: Die Wolle kann uns wochenlang beschäftigen. Daher die aufwendigen Wollarbeiten am besten auf mehrere Einheiten verteilen: 1. Intensiver Schafkontakt mit Schafe bürsten und Wolle sammeln. 2. Wolle reinigen. 3. Wolle waschen. 4. Wolle kämmen. 5. Wolle färben. 6. Wolle verarbeiten, zum Beispiel filzen oder spinnen. Wer keine Schafe hat: Rohwolle erhält man vom Schäfer oder über Anbieter im Internet.

1. Wolle waschen und kardieren: Gut Wolle will Weile haben

Um Wolle aufzubereiten, sind ganz viele Hände gefragt.

Hilfsmittel: Rohwolle, Eimer, Schüsseln oder Bottiche, Wollwaschmittel, Geschirrspülmittel oder Shampoo, Wäscheständer oder Wäscheleine mit Wäscheklammern, Handkarden oder Kardiermaschine

Los geht's:

1. Wolle sortieren, säubern und auflockern: Alle Fremdkörper wie Stroh, Heu, Kletten entfernen, auch verfilzte Stellen sowie die kurzen Haare aussortieren.
2. Wolle waschen: Ist sie nicht zu fettig, in mehreren Waschgängen einfach mit Regenwasser waschen. Fettige Wolle ist arbeitsintensiver: Das Wollfett lässt sich nur mit heißem Wasser und Waschmittel auswaschen. Vorsicht: Damit die Wolle nicht verfilzt, nicht rubbeln, nicht zu wild umrühren und die Temperatur konstant halten. Waschmittel am Ende gut ausspülen, dem letzten Spülwasser eventuell etwas Essig zugeben. Wolle verträgt Säure gut, Lauge eher nicht.
3. Wolle auf Wäscheständern oder Wäscheleinen trocknen lassen.
4. Wolle zupfen: Das Zupfen bereitet die Wolle auf das Kardieren vor. Dabei wird die Wolle aufgelockert und ausgedünnt, sodass keine Klumpen mehr vorhanden sind. Außerdem entfernt man dabei noch einmal erstaunliche Mengen Schmutz.

Wolle waschen

Wolle lässt sich zum Trocknen einfach auf die Leine hängen.

5. Kardieren oder Kämmen: Dabei werden die Wollfasern in dieselbe Richtung gekämmt – das erleichtert später das Spinnen der Wolle.
   a) Handkarde: Zuerst die untere Handkarde mit einem kleinen, dünnen Wollbüschel bestücken. Dann die zweite Handkarde darauflegen. Nun zieht man beide Karden in entgegengesetzter Richtung voneinander weg. Ist das Wollstück auf der Karde schön gleichmäßig gekämmt, nimmt man es vorsichtig ab und bestückt die Handkarde von Neuem.
   b) Kardiermaschine: Kleine, dünne Wollbüschel vor die kleine Vortrommel legen. Diese übernimmt die Fasern und überträgt sie auf die große Trommel. Ist diese voll, kann das Vlies aufgeschnitten und abgenommen werden.

Wolle kardieren mit der Handkarde

Wolle kardieren mit der Kardiermaschine

Wolle mit Naturfarben färben

Auch Naturfarben sind schön bunt.

2. Wolle färben: buntes Wollglück Schritt für Schritt

Den Kindern macht es riesigen Spaß, ihre Färbemittel in der Natur oder im Garten selbst zu sammeln oder zu ernten. Dabei müssen wir sie natürlich anleiten: Kamillenblüten eignen sich für eine gelbe Färbung, Zwiebelschalen färben hellbraun. Nussschalen ergeben einen dunklen Braunton, Birkenrinde ein Rotbraun. Gräser färben hellgrün, Brennnesseln intensiv grün, Rote Bete oder Holunderbeeren lila. Je nachdem, ob wir die Wolle vor oder nach dem Waschen, nach dem Kardieren und Kämmen oder erst nach dem Spinnen färben, entstehen ganz unterschiedliche Farbeffekte. Am besten ausprobieren.

Profitipp: Beizen wir die Wolle vor dem Färbevorgang, nimmt sie die Farbe besser auf. Zum Beizen legen wir die Wolle in ein Beizbad aus Wasser und Alaun. (Das Gewichtsverhältnis von trockener Wolle zu Wasser beträgt etwa 1:25 [bei 100 g trockener Wolle sind das 2500 ml, also 2,5 l Wasser]. Von Alaun wird 10 bis 20 % bezogen auf das Trockengewicht der Wolle verwendet [bei 100 g trockener Wolle sind das 10 bis 20 g Alaun].)

Das Beizbad mit Wolle erhitzen wir langsam innerhalb von 1 Stunde auf etwa 90 °C. Dabei die Wolle ein- bis zweimal vorsichtig wenden und dann im Beizbad abkühlen lassen. Eine lange Einwirkungszeit der Beize verbessert die Farbaufnahmefähigkeit der Wolle.

Hilfsmittel: kardierte Wolle, färbende Pflanzen (siehe oben), Stoffbeutel, große Kochtöpfe, Küchenwaage, Nudelzange, Küchenpapier, eventuell Alaun aus der Apotheke zum Beizen

Los geht's:

1. Wolle und Pflanzenteile abwiegen: Pro Färbebad doppelt so viel Färbepflanzen wie Wolle nehmen, zum Beispiel 200 g Pflanzen für 100 g Wolle.
2. Pflanzenteile zerkleinern und in Stoffbeutel packen, damit sie beim Färben nicht in der Wolle hängen bleiben.
3. Kochtopf mit Wasser füllen. Das Verhältnis von Wasser zu Pflanzenteilen sollte 100:1 oder 100:2 betragen (bei 100 bis 200 g Pflanzenmaterial also 10 l Wasser).
4. Pflanzenteile etwa 2 Stunden darin auskocheln lassen.
5. Danach Wolle dazugeben.
6. Nach 10 bis 15 Minuten die Wolle mit der Nudelzange aus dem Färbebad nehmen und auf Küchenpapier abtropfen lassen.

Bunte Wollbilder sind leicht gemacht.

3. Wolle filzen: ruckzuck zum Wollkunstwerk

Beim Filzen wird die Wolle so lange im warmen Seifenbad gerieben, bis sich die losen Wollfasern ineinander verwickeln und schließlich verfilzen. Das gelingt praktisch immer. Am besten ist es, mit kleinen Kugeln oder Bällen zu beginnen. Wer mehr Übung und Geduld hat, kann auch Flächen filzen und damit bunte Wollbilder herstellen. Für ein Bild benötigen die Kinder mindestens zwei bis drei Stunden.

Profitipp: Kardierte Wolle verfilzt leichter, weil sich die Schuppen auf der Wollfaser durch das Kardieren bereits etwas aufgestellt haben.

Hilfsmittel: kardierte Wolle, Schüsseln, Schmierseife oder einfaches Spülmittel, Handtücher, Lederband

Los geht's:

1. Schüsseln mit warmem Seifenwasser füllen und auf dem Tisch gut platzieren.
2. Aus der Wolle eine Kugel formen: Nur so viel Wolle nehmen, dass sie sich in den Kinderhänden wie ein Schneeball gut rollen lässt.
3. Geformte Kugel in das Seifenwasser tauchen.
4. Kugel wieder aus dem Seifenbad nehmen, ausdrücken, wieder formen und in das Seifenwasser geben.
5. Vorgang so lange wiederholen, bis die Kugel ganz dicht und fest ist.
6. Kugel mit klarem Wasser ausspülen.
7. Kugel gut ausdrücken und auf dem Handtuch abtrocknen lassen.
8. Mehrere kleine Filzkugeln an einem Lederband ergeben ein schönes Armband oder eine Halskette.

▶ Noch mehr aus dem Thema machen

- Von der Wolle zum Faden: Beim Spinnen werden die vielen einzelnen Wollhaare zu einem Faden verdreht. Das geht klassisch mit dem Spinnrad, bedarf so aber etwas Übung, denn dabei müssen die Kinder gleichzeitig den Faden spinnen und das Antriebspedal treten. Leichter ist er für sie, die Wolle auf kleinen Handspindeln zu spinnen. Diese sind zum Beispiel im Fachhandel für Künstler- und Bastelbedarf erhältlich.

Profitipp: Spindeln lassen sich leicht selbst herstellen. Es gibt sie in den unterschiedlichsten Formen, Ausführungen und Materialien. Alle bestehen aus einem Spinnstab, einem Schaft und einer Schwungmasse, dem Wirtel. Auch eine längere Stricknadel eignet sich als Stab. Statt der üblichen Holzscheibe tut es auch ein Bierdeckel als Schaft und der Wirtel kann aus Knetmasse, Stein, Glas oder Holz gefertigt sein.

- Auch das Weben verschiedenfarbiger Wollfäden macht den Kindern viel Freude. Für einen selbst gemachten Webrahmen einfach vier gleich lange Äste zu einem Rechteck überkreuz zusammenbinden. Danach die Kettfäden im Abstand von etwa 1 cm parallel in den Rahmen binden und schon kann es losgehen.

Beim Spindeln ist der richtige Dreh wichtig.

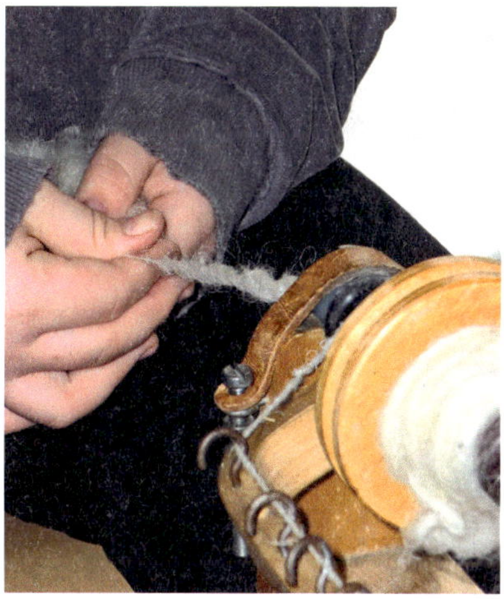

Spinnen mit dem Rad erfordert volle Konzentration und Übung.

Jonas kennzeichnet vorsichtig die bereits gewendeten Eier. Schlüpfen sie bald?

Küken schlüpfen lassen

Ein Herz für Hühner entwickeln

Die Idee: Den Werdegang vom Ei zum Küken zu erleben, berührt die Kinder emotional. Hierbei lassen sich die Wunder der Natur nachhaltig miterleben. Damit Brut und Aufzucht gelingen, müssen Hühnerhalter und Kinder die richtige Umgebung schaffen und sehr achtsam sein.

Förderziele:

Lange Brutzeit erleben und dabei enge Beziehung zu Tierkindern aufbauen. | Entwicklung vom Ei zum Huhn beobachten und Gesprächsstoff schaffen: Die Kinder vergleichen das Aufwachsen der Hühnerkinder mit ihrer eigenen Entwicklung. | Verantwortung und achtsamen Umgang mit der Natur und ihren Geschöpfen lernen.

▶ Vom Ei zum Küken

Profitipp: Die meisten Eier aus Lebensmittelgeschäften lassen sich nicht ausbrüten: Sie kommen häufig von Bauernhöfen, die keinen Hahn haben, und sind deshalb nicht befruchtet. Deshalb Eier von einem Bauernhof mit Hahn erwerben. Die Eier sollten höchstens sieben Tage alt sein. Bei uns sind etwa aus der Hälfte der Eier Küken geschlüpft. Wer also drei Hennen unterbringen kann, sollte rund zehn Eier ausbrüten und sich frühzeitig überlegen, wo er die überzähligen männlichen Küken unterbringen kann.

Hilfsmittel: zum Brüten: Eier von einem Bauernhof mit Hahn, Brutapparat (Inkubator), Schierlampe
für die Küken: Haus, Tränke, Wärmelampe, spezielles Kükenfutter

Los geht's:

1. Brutapparat an einem warmen, ruhigen Ort aufstellen (Raumtemperatur zwischen 20 und 25 °C). Achtung: Die Raumtemperatur sollte möglichst konstant bleiben.
2. Gemeinsam mit den Kindern die Bruteier vorsichtig in den Inkubator legen. Achtung: Den Inkubator schon ein bis zwei Tage vorher heizen, sodass am Einlegtag optimale Bedingungen herrschen.
3. Täglich die Luftfeuchtigkeit (48 %) und die Temperatur (37,8 °C) des Inkubators überprüfen. Bis zum 18. Tag die Eier täglich wenden.
4. Am 7. Tag nach der Eieinlage die Eier schieren, da heißt, mit einer speziellen Lampe auf ihre Lebensfähigkeit hin durchleuchten, unbefruchtete Eier aus dem Brutapparat nehmen.

5. Am 14. Tag nochmals schieren, nicht befruchtete Eier aus dem Apparat nehmen.
6. Je nach Hühnerrasse und Alter der Eier beim Einlegen, Temperatur und Luftfeuchtigkeit kann das erste Küken bereits am 19. Tag schlüpfen und der Schlupf des letzten Kükens bis zum 24. Tag dauern. Frisch geschlüpfte Küken können bis zu zwei Tage im Brüter bleiben. In dieser Zeit brauchen sie noch kein Futter, sondern ernähren sich vom Dottersack.

▶ Noch mehr aus dem Thema machen

- Während des Ausbrütens lassen sich Themen rund um Ei und Huhn erörtern. Eine Vielzahl von Büchern und Bildtafeln erklärt kindgerecht die Entwicklung vom Ei zum Küken. Viele Bilder und Kurzfilme gibt es auch im Internet.
- Nach dem Ausbrüten brauchen die Küken eine »Kinderstube«. Im Fachhandel sind unterschiedliche Modelle erhältlich. Als Kükenheim eignet sich auch ein ausgedienter Kaninchenstall oder einfach ein großer Pappkarton. An die Optik stellen die Küken keinerlei Ansprüche. Wichtig nach dem Schlupf sind jedoch Wärme, frisches Wasser und geeignetes Kükenfutter.
- Die Kinder können an der Gestaltung des Kükenheims mitwirken, die Einstreu einbringen, die Stülptränke aufstellen und die Wärmelampe aufhängen. Gemeinsam mit den Kindern haben wir dieses Kükenzubehör und geeignetes Futter beim Landhändler gekauft. Es ist sich auch im Internet-Fachhandel erhältlich.
- Nach sechs bis acht Wochen sind die Küken durchgefiedert und können in den »richtigen« Hühnerstall oder ins Freigehege umziehen. Mit den Kindern kann beides zuvor entsprechend den Bedürfnissen der Junghühner eingerichtet werden (siehe ab Seite 181).

Beim Einkaufen: Die richtige Tränke gibt es im Landhandel.

Ein letztes Schmusen, dann ziehen die durchgefiederten Küken ins Freigehege um. Auch dort bleiben sie zutraulich.

Das ideale Hühnerbad hat ein Dach und stets sauberen Sand.

Für die Hühner nehmen die Kinder gerne die Schubkarre in die Hand.

Sandbad anlegen

Schaufeln und zimmern für das Federvieh

Die Idee: Ein Sandbad ist für Hühner wie Duschen für uns: Es dient der Körperpflege und befreit von lästigen Parasiten. Da die meisten Kinder gerne duschen, haben sie Freude daran, eine Hühnerdusche anzulegen.

Förderziele:
Tierwohl und Körperpflege von Hühnern kennenlernen und verbessern. | Motorische Fertigkeiten und Handlungsabläufe schulen. | Den Mensch-Tier-Kontakt fördern: Die Hühner nehmen das Bad schnell an, wodurch die Kinder sofort ein positives Feedback für ihr Handeln erhalten.

▶ Auch Hühner lieben Wellness!
Profitipp: Hühner brauchen anders als Schweine kein Schlammbad, sondern lockeren, trockenen und sauberen Sand. Damit sich dort nicht zu viele Parasiten breitmachen, sollte das Sandbad jede Woche mit Hacke oder Harke aufgelockert werden. Etwa alle drei Monate wird der Sand ausgetauscht.

Hilfsmittel: Schaufel, Eimer, Schubkarren, Holzbretter (Länge etwa 40 cm), 4 Holzpfosten (Länge etwa 1 m), Nägel, viel Sand (fein, trocken, zum Beispiel Quarzsand oder Spielsand)

Los geht's:
1. Standort auswählen: Ideal ist ein geschützter, sonniger Platz. Ein feuchtes Sandbad, das im Schatten liegt, meiden Hühner. Gegen Regen schützt ein Dach.
2. Ein etwa 30 cm tiefes und 1 m^2 großes Loch graben.
3. An den Ecken die Pfosten in den Boden setzen.
4. Damit der Sand in der Grube bleibt, die Pfosten mit den senkrecht in die Grube gestellten Brettern verbinden.
5. Sand einfüllen.

▶ Noch mehr aus dem Thema machen
- Kommen zusätzlich zum Sand Holzkohle und Asche ins Sandbad, nehmen es die Hühner noch lieber an. Beides befreit sie von lästigen Parasiten und hilft ihrer Verdauung. Asche und Kohle können aus einem Holzofen stammen oder Überreste eines Lagerfeuers oder einer Grillstelle sein, aber nur, wenn ausschließlich Holz verbrannt wurde. Grillkohle oder Briketts enthalten Zusatzstoffe, die Hühner nicht vertragen.

Das Baumaterial holen wir uns aus dem Wald.

Bohren fördert die Hand-Auge-Koordination.

Äste beschneiden …

… und zurechtsägen schult die Geschicklichkeit.

Klettergerüst für Hühner bauen

Motorik auf die Höhe bringen

Die Idee: Um sich vor Fressfeinden zu schützen, schlafen Hühner in freier Wildbahn auf einem Ast, in einem Busch oder Baum. Dieses natürliche Verhalten müssen sie auch in einer kleinen Hühnerhaltung ausleben können. Sind keine Bäume im Auslauf vorhanden, sollten Hühner Sitzstangen und verschiedene Klettergerüste erhalten.

Förderziele:

Artgerechte Hühnerhaltung kennenlernen. | Motorische Fertigkeiten mit handwerklichen Tätigkeiten fördern. | Positives Feedback schaffen: Die Hühner erklimmen das Klettergerüst umgehend. | Das Selbstbewusstsein mit selbst gezimmerten Bauwerken stärken.

▶ Hühner sind keine Bodenhocker!

Profitipp: Welche Form die Kletterstangen und Klettergerüste haben, ist den Hühnern egal. Hier können sich Hühnerhalter und Kinder kreativ entfalten. Entscheidend ist, dass die Äste keine Unebenheiten oder scharfen Kanten haben, damit sich die Hühner nicht verletzen.

Hilfsmittel: Äste, Sägen, Baumscheren, Kokosgarn, eventuell Hammer und Nägel

Los geht's:

1. Im Wald oder am Waldrand Äste suchen.
2. Äste auf eine Länge von etwa 1 m zuschneiden: je nach Dicke des Astes mit Baumschere oder mit Säge.
3. Das Klettergerüst nach Wunsch bauen, zum Beispiel vier bis fünf waagrecht liegende Äste mit vier bis fünf senkrecht darauf liegenden Ästen an den Kreuzungsstellen zusammenbinden oder zusammennageln.
4. Klettergerüst aufstellen, zum Beispiel an die Wand lehnen. Achtung: Es sollte so montiert sein, dass der unterste Quer-Ast etwa 30 cm Abstand zum Boden hat. Der Abstand zwischen den einzelnen Stangen sollte ebenfalls 30 cm betragen, zur Wand gut 40 cm.

▶ Noch mehr aus dem Thema machen

- Auch Hühnerstangen oder Leitern im Hühnerstall lassen sich mit den Kindern einfach bauen, Hühnerlegenester ebenso.

Eselfell pflegen

Haarige Handlungsabläufe lernen

Die Idee: Esel brauchen Sozialkontakte. Die tägliche Fellpflege, das Striegeln und Bürsten, dient nicht nur der Reinigung, sondern auch dem darüber hinausgehenden Wohlergehen des Grautieres.

Förderziele:

Fellpflege mit menschlicher Körperpflege vergleichen. | Motorische Fertigkeiten fördern: Striegeln, Bürsten, Zupfen … | Kognitive Fähigkeiten und Handlungsabläufe der richtigen Fellpflege schulen. | Anatomie von Esel und Menschen entdecken. | Mensch-Tier-Beziehung in entspannter Atmosphäre fördern.

▶ Fellpflege macht sauber und ist sozial

Profitipp: Nur trockenen Matsch ausbürsten, nasser Matsch wird beim Bürsten ins Fell einmassiert.

Hilfsmittel: Federstriegel, Fellkratzer, verschiedene weiche Schmusebürsten, Fell- und Mähnenbürsten, feuchte Lappen

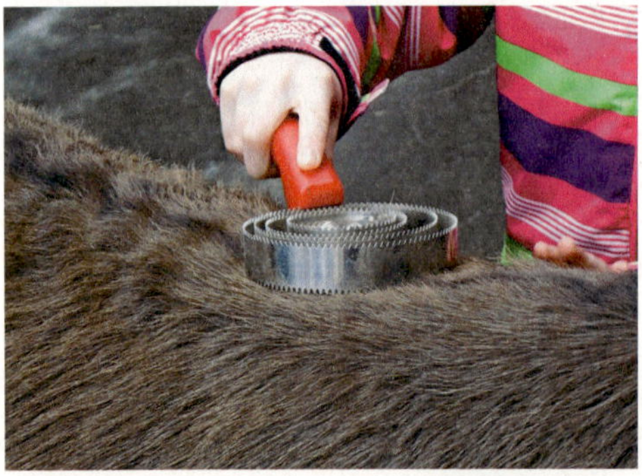

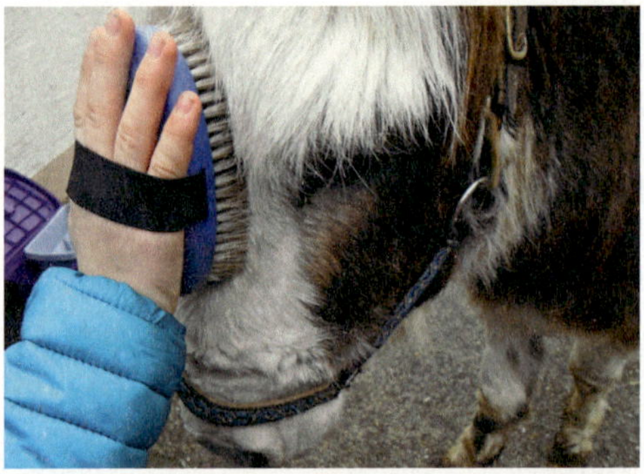

Ein Tier, drei Arten der Fellpflege und ganz viele verschiedene Übungen für die Feinmotorik

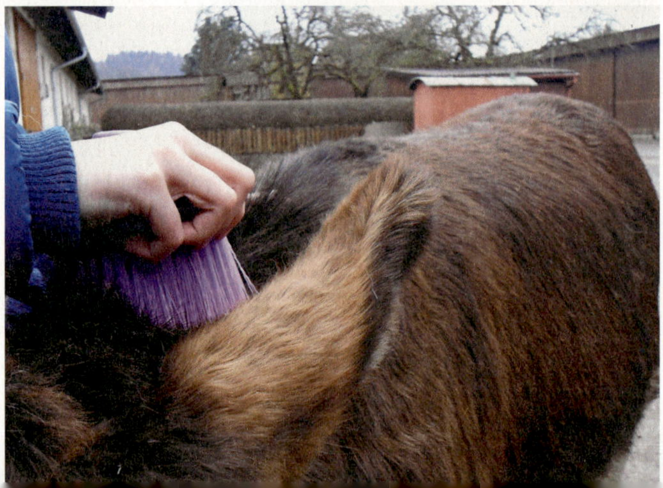

Los geht's:

1. Dem Esel ein Halfter anlegen und ihn mit einem Führstrick an einen Pfosten anbinden.
2. Mit dem Federstriegel oder Fellkratzer zuerst den groben Schmutz, das Stroh, Reste der Einstreu und eventuell den angetrockneten Matsch beseitigen. Das Striegeln entfernt beim Fellwechsel zudem lose Haare.
3. Mit einer Fell- und Mähnenbürste Mähne und Schwanzhaare pflegen. Beim Bürsten der Schwanzhaare immer den Quast in einer Hand halten, damit wir dem Esel nicht unnötig Haare herausziehen.
4. Am Schluss mit weichen Kopf- und Schmusebürsten die empfindlichen Körperpartien wie Ohren, Gesicht, Bauch und Schenkel bürsten.
5. Auch die Augen müssen täglich gesäubert werden. Dabei am besten den Kopf des Esels mit einer Hand halten und mit einem feuchten Lappen vorsichtig am Augenlid entlangwischen.

▶ Noch mehr aus dem Thema machen

- Kühe, Schweine, Schafe und Ziegen benötigen ebenfalls täglich Körperpflege. Auch diese Tiere können die Kinder striegeln und bürsten.
- Auch bei der täglichen Hufpflege können die Kinder mithelfen. Hierbei ist allerdings besondere Vorsicht geboten.

Ziegen mögen Bürstenmassagen. Die verschiedenen Fellarten schaffen massenhaft sinnliche Erlebnisse.

Esel sind vielseitig einsetzbar.

Ausflüge mit der Kuh machen die Kinder stolz: Wer kann schon so große Tiere führen?

Trekking mit dem Esel
Natur neu entdecken

Die Idee: Für Kinder mit körperlichen Einschränkungen sind oftmals bereits kurze Spaziergänge draußen in der Natur strapaziös. Spaziergänge mit Esel machen jedoch den Weg zum Ziel und das Laufen leichter. Mit tierischer Begleitung strengen sich die Kinder auch dort noch an, wo sie ohne den Motivator Esel keine Energie mehr hätten.

Förderziele:
Spaß haben, Natur erleben und Wildtiere und Pflanzen am Wegrand kennenlernen. | Maximale Motivation zum Bewegen schaffen: Weil der Esel das Tempo angibt, strengen sich die Kinder ganz besonders an, um mit ihm Schritt zu halten. | Gruppendynamische Prozesse fördern: Beispielsweise müssen sich die Kinder absprechen, wer den Esel wie lange führen darf. Dabei lernen sie die Stärken und Schwächen der anderen zu akzeptieren und Verantwortung füreinander zu übernehmen.

▶ In Schwung kommen mit dem Esel
Profitipp: Für Kinder mit Rollstuhl, Rollator oder anderen Hilfsmitteln bietet es sich an, den Esel zu satteln oder die Kutsche mitzunehmen, damit sich die Kinder bei Bedarf auf dem Esel oder in der Kutsche ausruhen können.

Hilfsmittel: Federstriegel, Fellkratzer, verschiedene weiche Schmusebürsten, Fell- und Mähnenbürsten, Halfter, Leine, eventuell Eselreitkissen, Eselpacktaschen, Eselgeschirr, Eselkutsche zum Beobachten der Natur: Becherlupen, Bestimmungsbücher, Sammelbeutel

Los geht's:
1. Den Esel auf den Spaziergang vorbereiten: striegeln, putzen und die Hufe auskratzen wie ab Seite 184 beschrieben.
2. Eventuell den Esel aufsatteln oder einspannen.
3. Gemeinsam mit den Kindern die Strecke bestimmen.
4. Gemeinsam mit dem Esel spazieren gehen.

▶ Noch mehr aus dem Thema machen
- Auch Ziegen und Kühe eignen sich wunderbar für ausgedehnte Spaziergänge.
- Bei den Spaziergängen können die Kinder eine Vielzahl an Insekten am Wegesrand beobachten, sie vorsichtig in Becherlupen setzen und mit einem Bestimmungsbuch erforschen. Gesammelte Pflanzen können auf dem Bauernhof bestimmt, in einer Pflanzenpresse getrocknet und später zu einem Herbarium gebunden werden.

Ehrlich kalkulieren

Unbezahlbar misst man nicht in Geld,
sondern in Gefühlen.

QUELLE UNBEKANNT

Auf unserem Bauernhof arbeiten wir vor allem mit Schülern unterschiedlicher Behinderteneinrichtungen. Als tierische Helfer haben wir zunächst vier Esel (drei Wallache, eine Stute), fünf Schafe und sechs Ziegen für insgesamt 5840 Euro angeschafft. Später gesellten sich zwei Minischweine (je 350 Euro) und eine Kuh (1850 Euro) dazu. Nur der Aufbau des Hühnerbestandes verursachte keine Kosten, weil wir die Eier in einem geliehenen Brutapparat ausgebrütet und die Küken selbst aufgezogen haben. Insgesamt hat uns die Anschaffung der Tiere 8390 Euro gekostet.

Feste Kosten

Für Bauten und Material aller Art

In den kind- und tiergerechten Umbau eines bislang ungenutzten Stalles haben wir viel investiert: Allein 3650 Euro gaben wir für Wasserleitungen, Tränken, Heuraufen und Ähnliches aus. Die Kosten für benötigte Arbeitsmittel wie Halsbänder, Leinen und Halfter für Ziegen, Schafe und Esel, kindgerechte Mistgabeln und Schubkarren beliefen sich auf rund 3160 Euro. Dabei schlugen vor allem das Zaumzeug, das Fahrgeschirr, die verschiedenen Reitkissen und Tragsattel für Kuh und Esel stark zu Buche. Dieses Geschirr und die Reitutensilien hat eine Schweizer Sattlerin extra für uns angefertigt.

Um den Weideplatz zu errichten, beauftragten wir eine Zaunbaufirma, die Akazienholzpfähle rammte und drei stabile Litzen spannte, die Strom führen können. Besonders die wegen der Afrikanischen Schweinepest vorgeschriebene doppelte Umzäunung des Schweinegeheges verursachte hohe Kosten. Insgesamt haben wir rund 13 650 Euro investiert.

Das heißt: Die Investitionskosten (ohne Anschaffung der Tiere) summierten sich bei uns auf rund 20 500 Euro. Rechnen wir diese Festkosten vom Stallumbau bis zum Halfter entsprechend ihrer Nutzungsdauer oder Lebensdauer um, ergeben sich daraus bei uns jährliche Kosten von etwa 5700 Euro. Darin enthalten sind auch die Abschreibungen für das Stallgebäude (20 000 Euro) und den Therapieraum (6000 Euro).

Nicht berücksichtigt haben wir die Kosten für die Weiterbildung zur Fachkraft für Tiergestützte Intervention (5000 bis 10 000 Euro) sowie Marketingkosten, zum Beispiel für Website, Logo und Fotos.

Feste Kosten der Tierhaltung (alle Tiere) pro Jahr

	Kosten	Nutzungsdauer (Jahre)	Euro / Jahr
Stallgebäude			
200 m² Fläche (100 Euro / m²)	20 000,00	30	666,67
Verzinsung 5 %			1000,00
Summe feste Kosten Altgebäude			1666,67
Umbau Stallgebäude kindgerecht zur Mitarbeit			
Wasserleitung für Tränkebecken, Zement, Fenster, Schwimmbecken, Heuraufen …	3653,66	10	365,37
Verzinsung 5 %, Reparatur 1,5 %			237,49
Summe feste Kosten Umbau			602,85
Therapieraum			
Gesamtinvestitionskosten	6000,00	30	200,00
Verzinsung 5 %			300,00
Summe feste Kosten Therapieraum			500,00
Hilfsmittel für tiergestützte Förderung (Therapiereiten, Eseltrekking, Bodenarbeit …)			
Halsbänder, Leinen, Halfter (Ziegen, Schafe), Kindermistgabeln, Mistkarren, Putzzeug …	665,50	3	221,83
Reitkissen (Esel), Zaumzeug, Sattel, Decken, Gurte …	2492,00	5	498,40
Verzinsung 5 %			157,88
Summe feste Kosten Hilfsmittel			878,11
Errichtung Weidezaun			
Weidezaun (Zaunpfähle, Litzen)	8656,56	10	865,66
Erneuerung Schweinegehege (wegen Afrikanischer Schweinepest)	5000,00	10	500,00
Verzinsung 5 %			682,83
Summe feste Kosten Weidezaun			2048,48
Gesamtsumme feste Kosten pro Jahr			5696,11

Variable Kosten

Für Futter und externe Tierpflege

Die jährlichen Futterkosten für Silofutter, Heuballen, den Getreideschrot und die Lecksteine belaufen sich bei unserer Anzahl Tiere auf etwa 2500 Euro. Für die Stroheinstreu benötigen wir jedes Jahr 20 Ballen zu je 50 Euro, also 1000 Euro.

Die Kosten für Tierarzt und externe Tierpflege (nicht von uns selbst geleistet) betragen jährlich etwa 4560 Euro. Dazu gehören die regelmäßigen Kontrollbesuche, die vorgeschriebenen Impfungen und Entwurmungen der Tiere, Klauenpflege bei Kuh, Schaf, Ziege und Schwein sowie Hufpflege beim Esel. Dieser Betrag erhöht sich, wenn ein Tier ernsthaft erkrankt und wir Geld für Spezialfutter, Medikamente oder Insektenschutzmittel gegen Mücken und Bremsen benötigen. Daneben fallen noch Kosten für Steuer und Versicherungen an: beispielsweise die Haftpflichtversicherung für den Tierhalter oder die Tierseuchenkasse sowie Materialkosten für die tiergestützten Einheiten. Auch der Tod eines Tieres kostet Geld: Es muss gebührenpflichtig von der Tierkörperbeseitigungsanstalt abgeholt werden. Wer keine eigenen Weideflächen besitzt, muss zudem die Pacht für Wiesen zur Beweidung einrechnen und gegebenenfalls einen kostenpflichtigen Dungabnahmevertrag abschließen.

Variable Kosten der Tierhaltung (alle Tiere) pro Jahr

Bestandsergänzung				
	Anzahl	**Kosten (Euro / Tier)**	**Lebens-erwartung**	**Euro / Jahr**
Esel Stute	1	1050,00	15	70,00
Esel Wallach	3	1050,00	15	210,00
Schaf	5	100,00	6	86,33
Ziege	6	190,00	6	190,00
Kuh mit Kalb	1	1850,00	10	185,00
Huhn	10		5	
Minischwein	2	350,00	6	116,67
Summe variable Kosten Bestandsergänzung Tiere				855,00

(Kosten Anschaffung Tiere gesamt: 8390,00 Euro)

Variable Kosten der Tierhaltung (alle Tiere) pro Jahr

Futter			
	Menge	**Kosten (Euro / Einheit)**	**Euro / Jahr**
Heuballen / Siloballen	30	70,00	2100,00
Getreideschrot	5 × 100 kg	35,00	175,00
Salz-Mineralstein (4 Tierarten)	12	20,00	240,00
Summe variable Kosten Futter			2515,00
Sonstiges			
	Menge	**Kosten (Euro / Einheit)**	**Euro / Jahr**
Strohballen	20	50,00	1000,00
Tierarztkosten			4000,00
Klauenpflege			560,00
Versicherung / Steuer			600,00
Tierseuchenkasse			30,00
LKV (Ohrnummer, Chip …)			50,00
Tierkörperbeseitigung			20,00
Wasser, Strom …		15,00 / Monat	180,00
Summe variable Kosten Sonstiges			6440,00
Gesamtsumme variable Kosten pro Jahr			9810,00

Arbeitskosten

Mit Abstand am höchsten

Am meisten schlägt unsere Arbeitszeit zu Buche: Allein zweieinhalb Stunden täglich sind wir damit beschäftigt, unsere Tiere zu versorgen und zu pflegen. Bei einem günstigen Stundenlohn von 20 Euro errechnet sich daraus ein Betrag von jährlich 18 250 Euro. Die zweithöchsten Arbeitskosten entstehen durch die Sozialisation der Jungtiere und das tägliche Training der Tiere. Bei 45 Minuten täglich kostet uns das jährlich etwa 10 950 Euro, kalkuliert mit einem höheren Stundensatz von 40 Euro. Für die Vorbereitung und Nachbereitung der Tiergestützten Interventionen durch Gespräche, Dokumentation, Auswertung (Evaluation) sowie weitere Fortbildungsmaßnahmen rechnen wir mit etwa 7300 Euro pro Jahr. Das entspricht etwa 30 Minuten pro Tag (Stundensatz 40 Euro). Hinzu kommt die Arbeitszeit für notwendige, aber nur gelegentlich anfallende Tätigkeiten wie Weidepflege oder Reparatur von Unterständen. Rechnet man dafür 15 Minuten am Tag, ergibt dies einen Betrag von etwa 1820 Euro (Stundensatz 20 Euro).

Alles in allem haben wir jährlich etwa 45 600 Euro Arbeitskosten, die sich auf 1640 Stunden verteilen, pro Tag sind das etwa 4,5 Stunden. Darin enthalten ist auch die Zeit für Öffentlichkeitsarbeit und Marketing. Dafür kalkulieren wir etwa 30 Minuten täglich, was bei einem Stundensatz von 40 Euro rund 7300 Euro pro Jahr entspricht.

Achtung: Darin ist noch nicht enthalten der Zeitaufwand für die eigentliche Tiergestützte Intervention. Das heißt: Es fehlen die Arbeitskosten für die Fachkraft während der Tiergestützten Interventionen!

Arbeitskosten Tierhaltung (alle Tiere) pro Jahr

	Stunden / Tag	Tage / Jahr	Lohn (Euro / Stunde)	Euro / Jahr
Betreuung / Versorgung	2,50	365	20,00	18 250,00
Sozialisation und Training der Tiere	0,75	365	40,00	10 950,00
Vorbereitung und Nachbereitung der Lernangebote: - Reflexion und Evaluation - regelmäßige Bewertung des Erfolges - Fortbildungsveranstaltungen - fachlicher Austausch und Supervision	0,50	365	40,00	7300,00
tägliche Weidepflege	0,25	365	20,00	1825,00
Marketing für TGI (Social Media …)	0,50	365	40,00	7300,00
Gesamtsumme Arbeitskosten pro Jahr	4,50			45 625,00

(Stroh-, Heu- und Siloherberge wie auch die Getreidegewinnung sind in den variablen Kosten berücksichtigt.)

Bilanzieren und etwas sparen

Tierisch viel Kosten

Wer auf dem Bauernhof tiergestützt arbeitet und die Tiere, so wie wir, ausschließlich für pädagogische und therapeutische Zwecke hält, hat enorme Kosten. Diese hängen von den örtlichen Gegebenheiten sowie von der Tierart, mit der gearbeitet wird, ab. Ist zum Beispiel schon ein geeigneter Stall vorhanden, muss dieser nicht erst gebaut oder wie in unserem Fall umgebaut werden. Dann verringern sich die festen Kosten entsprechend. Können wir einen Teil des Nachwuchses unserer Tiere an andere pädagogisch oder therapeutisch arbeitende Einrichtungen vermitteln, verringern sich die Tierhaltungskosten ebenfalls.

Da vor allem Kühe, Esel und Schweine teuer in der Anschaffung und im Unterhalt sind, haben wir noch eine zweite Kalkulation (hier nur Übersicht der Gesamtkosten) mit »günstigeren« Tierarten aufgestellt (siehe Seite 195). Wer »nur« mit Schafen, Ziegen und Hühnern arbeitet, hat deutlich weniger Anschaffungskosten (1640 Euro) und pro Jahr weniger Futterkosten (715 Euro) und Einstreukosten (250 Euro). Da auch die teuren Sättel entfallen, die jährlichen Beiträge für Versicherung (300 Euro) und Tierseuchenkasse (20 Euro) sinken und unsere Arbeitskosten niedriger ausfallen, sind die Tierhaltungskosten hier nur etwa halb so hoch wie im Kalkulationsbeispiel mit allen unseren Tieren.

Trotzdem sollten wir den Kostenfaktor »Tier« nicht unterschätzen und die Kosten realistisch einschätzen. Denn unsere Kalkulationen zeigen, wie schwer es ist, auf einem Bauernhof einen gewinnbringenden Erwerbszweig mit Tiergestützter Intervention aufzubauen. Allerdings zeigen unsere Rechenbeispiele, dass wir umso wirtschaftlicher arbeiten können, je häufiger wir die Tiere einsetzen.

Ein Beispiel: Bisher kommt das Sonderpädagogische Bildungs- und Beratungszentrum (SBBZ) mit den Kindern zweimal in der Woche auf unseren Hof. Käme die Einrichtung dreimal wöchentlich, würden die Kosten pro Stunde von 283 Euro auf 188 Euro sinken. Bei zehn Besuchen unterschiedlicher Einrichtungen, also zweimal täglich (vormittags und nachmittags), würde die Stunde noch 56,60 Euro kosten. Achtung: Hinzu kommt in jedem Fall noch das Honorar für die Fachkraft für Tiergestützte Interventionen, also unsere eigentliche Entlohnung.

Die Wirtschaftlichkeit stößt dem Tierwohl zuliebe jedoch an ihre natürlichen Grenzen. In der Regel setzen wir jedes unserer Bauernhoftiere höchstens einmal am Tag, und das an drei bis fünf Tagen (Montag bis Freitag) in der Woche ein.

Gesamtkosten (alle Tiere)

Zusammenfassung der Kennzahlen	
	Euro / Jahr
Gesamtsumme jährliche feste Kosten Tierhaltung	5696,11
Gesamtsumme jährliche variable Kosten Tierhaltung	9810,00
Gesamtsumme jährliche Arbeitskosten Tierhaltung (ohne Arbeitskosten für die TGI)	45 625,00
jährliche Gesamtkosten (ohne Arbeitskosten für die TGI)	61 131,11

Verteilung der Gesamtkosten auf Stunden TGI	
	Euro / Stunde
2 Besuche wöchentlich* des SBBZ = 72 Besuche zu je 3 Stunden = 216 Stunden pro Jahr	283,01
3 Besuche wöchentlich* des SBBZ = 108 Besuche zu je 3 Stunden = 324 Stunden pro Jahr	188,68
5 Besuche wöchentlich* unterschiedlicher Einrichtungen = 180 Besuche zu je 3 Stunden = 540 Stunden pro Jahr	113,21
10 Besuche wöchentlich* unterschiedlicher Einrichtungen = 360 Besuche zu je 3 Stunden = 1080 Stunden pro Jahr	56,60

*36 Besuche jährlich (= Schulwochen, Rest Ferien)

SBBZ: Sonderpädagogisches Bildungs- und Beratungszentrum (SBBZ) mit dem Förderschwerpunkt körperliche und motorische Entwicklung Oberschwaben (ehemals Körperbehindertenzentrum Oberschwaben)

»Aufgrund von unterschiedlichen Wirtschaftlichkeitsberechnungen und auf der Basis von umfangreichem Datenmaterial empfiehlt das Österreichische Kuratorium für Landtechnik und Landentwicklung einen Stundensatz von 120 Euro pro Einheit. Eine Einheit umfasst dabei eine Stunde Durchführung der TGI-Einheit plus Vorbereitungs- und Dokumentationszeit.« (Quelle: S. Scholl, K. Zipper, J. Bäckenberger & Gupta C.: Tiergestützte Interventionen mit landwirtschaftlichen Nutztieren, siehe Seite 204)

Dieser Stundensatz lässt sich aber bisher kaum erreichen, obwohl auch Psychotherapeuten, ohne den Aufwand der Tierhaltung, etwa 100 Euro pro Stunde berechnen. Und im Vergleich zur berühmten Delfintherapie kostet die Therapie mit Bauernhoftieren wenig. So rechnet der Stiftungsfonds Delfintherapie für eine zweiwöchige Therapie (zehn Einheiten für zwei Kinder) in Florida derzeit mit rund

Gesamtkosten (Schafe, Ziegen, Hühner)

Zusammenfassung der Kennzahlen		
		Euro / Jahr
Gesamtsumme jährliche feste Kosten Tierhaltung		3182,47
Gesamtsumme jährliche variable Kosten Tierhaltung		2762,33
jährliche Arbeitskosten Tierhaltung (ohne Arbeitskosten für die TGI)		22995,00
– Arbeitszeit Versorgung / Betreuung Tiere	7300,00	
– Arbeitszeit Sozialisation / Training der Tiere	3650,00	
– Vorbereitung und Nachbereitung der Angebote	7300,00	
– Arbeitszeit Weidepflege für die Tiere	1095,00	
– Marketing für TGI (Social Media, Newsletter …)	3650,00	
jährliche Gesamtkosten (ohne Arbeitskosten für die TGI)		28939,81

Verteilung der Gesamtkosten auf Stunden TGI	
	Euro / Stunde
2 Besuche wöchentlich* des SBBZ = 72 Besuche zu je 3 Stunden = 216 Stunden pro Jahr	133,98
3 Besuche wöchentlich* des SBBZ = 108 Besuche zu je 3 Stunden = 324 Stunden pro Jahr	89,32
5 Besuche wöchentlich* von unterschiedlichen Einrichtungen = 180 Besuche zu je 3 Stunden = 540 Stunden pro Jahr	53,59
10 Besuche wöchentlich* von unterschiedlichen Einrichtungen = 360 Besuche zu je 3 Stunden = 1080 Stunden pro Jahr	26,80

*36 Besuche jährlich (= Schulwochen, Rest Ferien)

SBBZ: Sonderpädagogisches Bildungs- und Beratungszentrum (SBBZ) mit dem Förderschwerpunkt körperliche und motorische Entwicklung Oberschwaben (ehemals Körperbehindertenzentrum Oberschwaben)

6000 Dollar. Hinzu kommen Kosten für Flug und Unterbringung im Hotel. Daher läuft die Finanzierung meist über Spenden. (www.delfine-therapieren-menschen.de/finanzierung-der-therapie/)

Viele Einrichtungen fragen unser tiergestütztes Angebot nach, sind aber leider finanziell meist nicht in der Lage, diese wertvolle Arbeit entsprechend zu entlohnen. In der Regel finanzieren die Institutionen die Förderungen auf unserem Hof über Stiftungen, Spenden oder sonstige Zuschüsse.

Zeit für eine persönliche Bilanz

Jeden Tag überzeugen

Trotz großem Engagement, hohen Investitionen, umfassenden Erfahrungen und kontinuierlicher Weiterbildung konnte sich auf unserem Bauernhof in diesem Bereich bislang kein selbsttragender Betriebszweig entwickeln. Denn Pflegeleistungen für Menschen mithilfe von Schaf oder Schwein gibt es noch nicht auf Rezept. Die Krankenkassen erkennen diese Heilbehandlung mit Bauernhoftieren bisher nicht an.

▶ Über Verein und Förderprogramme Geld generieren

Daher haben wir 2019 den Verein »Bauernhoftiere bewegen Menschen e. V.« gegründet (siehe Seite 198). Ein gemeinnütziger Verein braucht mindestens sieben Personen und darf keinen kommerziellen Zweck haben. Dennoch lässt sich ein wirtschaftlicher Betrieb innerhalb des Vereins installieren, wenn die Einnahmen dem gemeinnützigen Zweck dienen. Damit rechtlich alles einwandfrei ist, sollten sich Interessierte unbedingt von einem Steuerberater oder einer Steuerberaterin unterstützen lassen. Die Gründungsmitglieder legen auf der Gründungsversammlung den Namen des Vereins und seine Satzung fest. Danach muss der Verein in das Vereinsregister des zuständigen Amtsgerichts eingetragen und vom Finanzamt anerkannt werden. Einfache Anleitungen und Checklisten gibt es im Internet.

Die sieben Personen haben wir schnell gefunden, der bürokratische Aufwand hat bei uns ein knappes Jahr gedauert. Erfreulich: Im ersten Jahr haben wir so viel Spenden eingeworben, dass wir damit unsere Tierhaltungskosten finanzieren konnten. Über den Verein lassen sich aber auch Anschaffungen finanzieren. So konnten wir uns dank eines Crowdfunding-Projektes der örtlichen Volksbank eine spezielle Eselkutsche leisten. Die Stiftung »Herzenssache« hat uns beim Einbau breiterer Türen und Rollstuhlrampen unterstützt. Und durch »Aktion Mensch« konnten wir eine Weidenhüttenanlage für unsere Esel am Hof verwirklichen.

Viele Bundesländer unterstützen Bäuerinnen mit Landes- und EU-Mitteln, wenn sie ihren Betrieb diversifizieren, also einen neuen Betriebszweig entwickeln oder zusätzliche Einkommensmöglichkeiten schaffen. Auch Fortbildungen sowie regionale Förderprogramme können bezuschusst werden.

Für den Umbau unseres Besucherstalles erhielten wir beispielsweise über das Agrarinvestitionsförderprogramm (AFP) des Landes Baden-Württemberg einen Direktzuschuss von 20 Prozent. Über das Förderprogramm LEADER bekamen wir außerdem Unterstützung für die Wärmedämmung unseres Schulungsraumes sowie für den barrierefreien Umbau unserer sanitären Anlagen. Solche Förderungen können eine wertvolle Unterstützung bei neuen Hofprojekten sein.

Doch das ist kein Selbstläufer. Damit Geld in die Vereinskasse kommt, investieren wir viel Zeit und Energie in Öffentlichkeitsarbeit. So betreiben wir eine eigene Vereinshomepage, einen Newsletter und geben jährlich eine Vereinsbroschüre heraus. Außerdem sind wir vielfach in Medien präsent, nehmen an Wettbewerben teil und bewerben uns um Stiftungsgelder.

Zusätzlich bieten wir seit 2020 eine nach ISAAT akkreditierte Fachkraftweiterbildung an. Auch hier leisten unsere tierischen Mitarbeiter einen wichtigen Beitrag zur Ausbildung neuer Kollegen und Kolleginnen und tragen zusammen mit den Einnahmen durch die Weiterbildung dazu bei, dass wir jetzt rentabel arbeiten.

▶ Kooperieren und Kosten minimieren

Mit unseren Zahlen wollen wir jedoch keineswegs Nachahmer und Nachahmerinnen abschrecken. Denn mit geeigneten Kooperationen lassen sich viele Kosten reduzieren: So können Menschen aus sozialen Berufen beispielsweise bei einem landwirtschaftlichen Betrieb anfragen, ob sie ihre Tiere dort auf der Weide oder im Stall unterbringen können. Bäuerinnen und Bauern mit Tierhaltung können geeignete Tiere aus ihrer Herde auswählen, ausbilden und anschließend mit Therapeuten oder Sonderpädagogen zusammenarbeiten.

Nach wie vor möchten wir dazu beitragen, dass die hohe Qualität tiergestützter Interventionen künftig gesellschaftlich anerkannt und angemessen honoriert wird. Dafür müssen wir überzeugend arbeiten und noch viel mehr Überzeugungsarbeit leisten: bei Ärzten, Therapeuten, Sozial- und Sonderpädagogen, in Institutionen und bei Eltern. Immer wieder stellen wir unsere Tiergestützten Interventionen auf dem Bauernhof in Vorträgen und Medien aller Art vor und beantworten Anfragen von Studierenden, Interessierten und Gleichgesinnten.

Auf dem langen Weg zur Anerkennung von Krankenkassen und Co. bleibt dieses Buch für uns ein Meilenstein: Wir haben unsere fachlichen Kenntnisse und nahezu sämtlichen gesammelten Erfahrungen hier zusammengefasst und offengelegt in der Hoffnung, dass es für andere ein Anstoß zum Mitmachen oder Nachmachen ist. Für Eltern, Pädagogen und Mediziner ein erster Schritt, sich dem Thema zu nähern. Für Kollegen, ein Grundstein der Information und eine Quelle der Inspiration.

Die Autorinnen

Andrea Göhring

Andrea Göhring ist Agrartechnikerin für Agrarinformatik und Marketing, Gästeführerin, Bauernhofpädagogin sowie Fachkraft für Tiergestützte Therapie, Pädagogik und Beratung (ESAAT).

Zusammen mit ihrem Mann bewirtschaftet sie in Oberschwaben einen Ackerbaubetrieb in ökologischer Wirtschaftsweise. Beim Projekt »Landwirtschaft zum (Be-) Greifen« bietet sie Hofführungen und Mitmachprogramme für Kindergartengruppen und Schulklassen an.

Als Fachkraft für Tiergestützte Therapie / Pädagogik arbeitet sie – anders als viele Kolleginnen – nicht mit Hund oder Pferd, sondern fördert seit mehr als 15 Jahren mit ihren Schafen, Ziegen und Co. Kinder unterschiedlicher Behinderteneinrichtungen. Eine echte Pionierarbeit! Ihr Credo: Bauernhoftiere sind nicht »nur« Nutztiere, sondern helfen Menschen mit und ohne Handicap.

Nähere Informationen: www.andrea-goehring.de

Förderverein »Bauernhoftiere bewegen Menschen e. V.«

www.bauernhoftiere-bewegen-menschen.de

Jutta Schneider-Rapp

Jutta Schneider-Rapp ist im Pferdestall und mit zahlreichen Haustieren aufgewachsen, hat Agrarwissenschaften Fachrichtung Umweltsicherung sowie Journalismus studiert und beackert seitdem grüne Themen für Online- und Printmedien. Außerdem ist sie Mitinhaberin der Stuttgarter Agentur für Ökologie und Kommunikation Ökonsult. Beim Schreiben einer Reportage hat sie die soziale Arbeit mit Bauernhoftieren schätzen gelernt und möchte mehr Menschen für die »Tierapie« begeistern. Seit vielen Jahren unterstützt sie Andrea Göhring dabei, die Tiergestützte Therapie / Pädagogik bekannt und anerkannt zu machen.

Nähere Informationen: www.oekonsult-stuttgart.de

Jutta Schneider-Rapp, Whitey und Andrea Göhring

Die Illustratorin

Die Illustrationen in diesem Buch hat Annegret Hoffmann erstellt. Die ausgebildetete Keramikerin und Designerin hat sich nach dem Studium hauptsächlich ihrer Familie gewidmet. Gestaltung und Illustration begleiten ihren Alltag und sind – wie Sprache – stetiges Ausdrucksmittel. Annegret Hoffmann ist Dozentin an der Jugendkunstschule Sigmaringen und ergänzt ihr Umfeld mit Wandmalereien, Illustrationen und skulpturalen Projekten.

Kontakt: annehoff@gmx.de

Unsere wichtigsten Mitarbeiter im Porträt

Whitey, 10 Jahre, schön weiß und weise
Sanfte Seele und zuverlässigste Partnerin des Hofes

Klein-Ida, 4 Jahre, tierisch lieb und teamorientiert
Musterschaf und Schülerin von Whitey

Micky, 5 Jahre, quicklebendig und lebensfroh
Unser Mutmacher und Unterhaltungskünstler

Luis, 7 Jahre, stets ruhig und gelassen
Die tragende Säule des Hofes

Unsere wichtigsten Mitarbeiter im Porträt

Mia, 4 Jahre, allzeit für einen Spaziergang bereit
Powereselin und Zugpferd

Susi, 3 Jahre, lernbegierig und leistungsstark
Perfekte Akrobatin und Kindertrainerin

Strolchi, 3 Jahre, immer kreativ und auf Achse
Heiltier gegen Langeweile aller Art

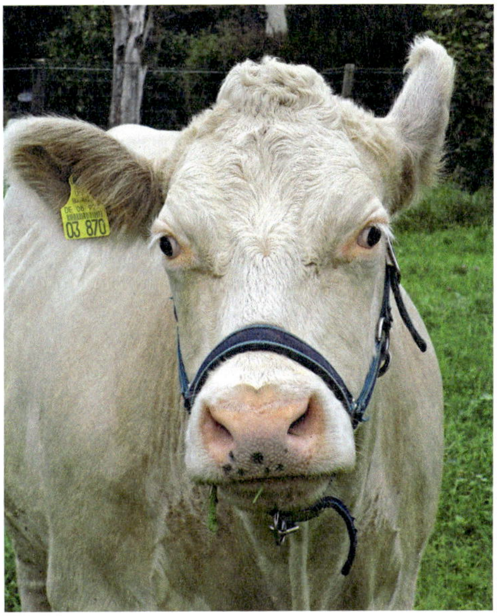

Paula, 7 Jahre, langsam und gemütlich
Der ruhende Pol unter den Tieren

Henry, 3 Jahre, höchst kommunikativ,
stets majestätisch und megawachsam
Der Star der Hühnerschar

Anhang

Grundregeln und Hygieneplan zum Schutz der Kinder und Tiere

Fertige Hygienepläne können wir an dieser Stelle nicht liefern. Als Anregung mögen deshalb hier unsere wichtigsten Regeln dienen. Diese Informationen über die Tiergestützte Intervention (TGI) auf unserem Bauernhof erhalten bei uns alle beteiligten Therapeuten, Pädagogen und Eltern.

Grundsätzlich gilt:

* Sowohl die Schulleitung als auch die beteiligten Sonderpädagogen, die Ergotherapeuten und Physiotherapeuten sind über die TGI informiert und stehen ihr positiv gegenüber. Das Team entscheidet, bei welchen Kindern die TGI sinnvoll ist.
* Die Erziehungsberechtigten müssen einverstanden sein (Einverständniserklärung).
* Die Stunden werden dokumentiert (Planung, Umsetzung, Reflexion).
* Die TGI finden immer im Beisein einer Sonderschulpädagogin oder Therapeutin und der Bäuerin (Fachkraft für Tiergestützte Therapie, Pädagogik und Beratung) statt. Bei Bedarf unterstützt eine weitere Person das Team.
* Die Kinder werden mit den Bauernhoftieren nicht unbeaufsichtigt gelassen.
* Die TGI finden drinnen und draußen in geeigneten Räumen statt: Das sind auf dem Hof Therapieraum und Schulungsraum, aber auch Stallungen und Weide.

Risikopersonen können nicht an der TGI teilnehmen, dazu zählen:

* Kinder mit Tier-Allergien (im Einzelfall und nur nach Absprache möglich)
* Kinder mit akuten Infektionen
* Kinder aus dem Risikobereich (zum Beispiel bei Wundheilungsstörungen oder Phobien)

Um Gefährdungen durch Tiere oder Übertragungen von Pilzen, Bakterien und Würmern zu vermeiden, müssen alle Beteiligten folgende Regeln hinsichtlich Verhalten und Hygiene befolgen:

- Um Unfälle zu vermeiden, wird den Kindern zunächst theoretisch der richtige Umgang mit den Bauernhoftieren gelehrt.
- Sowohl Kinder als auch Sonderpädagogen und Therapeuten ziehen vor dem Besuch des Bauernhofes Kleidung an, die eigens für den Besuch des Bauernhofes bestimmt ist. Nach dem Besuch ziehen sie diese Kleidung wieder aus.
- Tiere nicht küssen – weder auf Mund oder Nase noch auf Fell oder Federn!
- Nicht von Tieren im Gesichtsbereich belecken lassen!
- Nach Tierkontakt waschen die Kinder ihre Hände, vor allem vor dem Essen.
- Tiere werden von Lebensmitteln ferngehalten.

Um Krankheiten und Unfällen vorzubeugen, halten wir weitere Regeln ein:

- Jedes Tier hat einen Impfschutz und wird regelmäßig vom Tierarzt kontrolliert (Dokumentation über erfolgte Impfungen und Entwurmungen liegt zur Einsicht vor).
- Erkrankte Tiere dürfen nicht an der TGI teilnehmen.
- Die Dauer des Tiereinsatzes wird auf das Tier abgestimmt (Alter, Ausdauer).
- Bei Erkennen von Stress oder Angstzuständen des Tieres wird das Tier sofort aus der Situation herausgenommen.
- Unsere Stallungen werden täglich gesäubert. Dabei achten wir auf bestmögliche, aber praktikable Hygiene.

Die Bauernhofregeln

Außerdem gibt es natürlich Regeln für den Umgang mit unseren Tieren.

Unsere wichtigsten Bauernhofregeln lauten:

- Behandle die Tiere so, wie du selbst behandelt werden willst!
- Gehe liebevoll und vorsichtig mit ihnen um!
- Streichle die Tiere nie gegen das Fell!
- Nähere dich den Tieren immer seitlich oder von vorn (Esel könnten sonst ausschlagen)!
- Erst fragen, dann füttern!
- Pass auf, dass dir keine Kuh auf den Fuß tritt!

Zitierte Literatur

Bull, Anette: Tiergestützte Arbeit mit erwachsenen und alten Menschen. In: praxis ergotherapie. Fachzeitschrift für Beschäftigungs- und Arbeitstherapie Nr. 1/2006, S. 27–37

de Saint-Exupéry, Antoine: Der kleine Prinz. Originalübersetzung von Grete und Josef Leitgeb. Düsseldorf: Karl Rauch Verlag 1943/1982

Dress, Cornelia: In: tiergestützte Nr. 2/2006

European Society for Animal Assisted Therapy. www.esaat.org

Hacohen, Shmuel Avidor: Ratlos war der Rabbi nie. Chassidischer Humor. Gütersloh: Gütersloher Verlagshaus

International Association of Human-Animal Interaction Organizations (IAHAIO). In: https://iahaio.org/wp/wp-content/uploads/2019/07/iahaio-white-paper-2014_18-german_final.pdf

Landesbeauftragter für den Tierschutz des Landes Niedersachsen: Tierschutzgerechte Nutzung von Eseln. In: http://esel-online.de/dloads/Esel_flat.pdf

Österreichisches Kuratorium für Landtechnik und Landentwicklung (ÖKL): Tiergestützte Intervention am Bauernhof. Die Definition. In: https://oekl-tgi.at/ueber-das-projekt/die-definition.html

Ott, Martin: Kühe verstehen. Eine neue Partnerschaft beginnt. Lenzburg: Fona Verlag 2011, S. 149

Scholl, Silke, Zipper, Kornelia, Bäckenberger, Johanna & Christiane Gupta: Tiergestützte Interventionen mit landwirtschaftlichen Nutztieren. Grundlagen, Methoden und Beispiele aus der Praxis. Hrsg.: Österreichisches Kuratorium für Landtechnik und Landentwicklung (ÖKL). Salzburg: Edition Kunstschrift 2016, S. 102

Striowsky, Elke: Minischweine. Haltung, Pflege, Erziehung. Stuttgart: Kosmos-Verlag

Vernooij, Monika A. & Silke Schneider: Handbuch der tiergestützten Intervention. Grundlagen, Konzepte, Praxisfelder. Wiebelsheim: Quelle & Meyer

Watzlawick, Paul, H. Beavin, Janet & Don D. Jackson: Menschliche Kommunikation. Formen, Störungen, Paradoxien. Bern: Verlag Hans Huber

Wohlfarth, Rainer & Helga Widder: Working Paper zur Diskussion: Tiergestützte Therapie – Eine Definition, Stand 10. 10. 2011. Wien: ESAAT – European Society for Animal Assisted Therapy In: www.en.esaat.org/fileadmin/medien/downloads/Erläuterung_Definition.pdf

Zum Weiterlesen

Gesetzliche Bestimmungen zur Haltung von Nutztieren

Für Schweine, Kühe, Schafe, Ziegen, Esel und Hühner gelten in Deutschland die im Folgenden genannten Gesetze und Verordnungen. Wer diese Tierarten in anderen Ländern hält, sollte sich rechtzeitig nach den örtlich geltenden Bestimmungen erkundigen. Da auch innerhalb Deutschlands die behördlichen Zuständigkeiten von Bundesland zu Bundesland unterschiedlich sind, ist es ratsam, Erkundigungen mit zeitlichem Vorlauf einzuholen.

- Tierschutzgesetz (TierSchG). Nach § 11 dieses Gesetzes (»Tiere zur Schau stellen«) braucht jeder, der die genannten Tierarten pädagogisch oder therapeutisch einsetzen möchte, einen Sachkundenachweis. Dieser kann beim zuständigen Veterinäramt beantragt werden. Der Sachkundenachweis erfordert fundierte theoretische Kenntnisse rund um die jeweilige Tierart, aber auch praktische Fähigkeiten im Umgang mit ihr. Die darüber hinaus geforderte persönliche Zuverlässigkeit lässt sich mit einem polizeilichen Führungszeugnis nachweisen.
- Tierschutz-Nutztierhaltungsverordnung (Verordnung zum Schutz landwirtschaftlicher Nutztiere und anderer zur Erzeugung tierischer Produkte gehaltener Tiere bei ihrer Haltung [TierSchNutztV])
- Viehverkehrsverordnung (Verordnung zum Schutz gegen die Verschleppung von Tierseuchen im Viehverkehr [ViehVerkV])

www.gesetze-im-internet.de

Herkunftssicherungs- und Informationssystem für Tiere (HIT)

www.hi-tier.de

Studien und Merkblätter

Studie: Naturbewusstsein 2023. Bevölkerungsumfrage zu Natur und biologischer Vielfalt, regelmäßig durchgeführte Studie vom Bundesamt für Naturschutz und vom Bundesministerium für Umwelt, Naturschutz, Nukleare Sicherheit und Verbraucherschutz, Bonn 2025
www.bfn.de/publikationen/broschuere/naturbewusstsein-2023

Studie: Eltern in der digitalen Welt
Bitkom e. V., Berlin, 2025
www.bitkom.org/sites/main/files/2026-01/bitkom-studienbericht-eltern-2025.pdf

Studie: KIM-Studie 2024, Basisuntersuchung zum Medienumgang 6- bis 13-Jähriger
Medienpädagogischer Forschungsverbund Südwest
www.mpfs.de/studie/kim-studie-2024/

Merkblätter zur Haltung von Nutztieren und zu Tieren im sozialen Einsatz
Tierärztliche Vereinigung für Tierschutz e. V. (TVT)
www.tierschutz-tvt.de

Merkblatt: Erfolgreiches Rinderhandling: wahrnehmen, verstehen, kommunizieren
FiBL, Bio Austria, Bioland, Naturland, Bio Suisse, Demeter, IBLA, KÖN
www.fibl.org

Weitere Veröffentlichungen

Rahmann, Gerold: Ökologische Schaf- und Ziegenhaltung. 100 Fragen und Antworten für die Praxis. Ökologische Agrarwissenschaften Universität Kassel, Witzenhausen
www.orgprints.org/12971/

Beetz, Andrea M.: Psychologische Grundlagen der Mensch-Tier-Beziehung
studylibde.com/doc/1474852/psychologische-grundlagen-der-mensch-tier-beziehung

Wohlfahrt, Rainer & Mutschler, Bettina: Die Heilkraft der Tiere. btb Verlag

Artgerechte Tierhaltung

Andrea Göhring
und Jutta Schneider-Rapp:
Bauernhoftiere bewegen
Seniorinnen und Senioren
ISBN: 978-3-89566-421-2

Nina Dittmann:
Wachteln im Garten
ISBN: 978-3-89566-443-4

Annette Arnold
und René Reibetanz:
Alles für die Ziege
ISBN: 978-3-89566-383-3

Silke Braemer:
Auf Augenhöhe mit Hühnern
ISBN: 978-3-89566-397-0

Weitere Bücher aus dem pala-verlag

Farina Graßmann:
Wunderwelt heimische Amphibien
ISBN: 978-3-89566-419-9

Werner David:
Fertig zum Einzug: Nisthilfen für Wildbienen
ISBN: 978-3-89566-358-1

Irmela Erckenbrecht
und Peter Reichenbach:
Farbstark mit sevengardens
ISBN: 978-3-89566-370-3

Tobias Bode:
Unser naturnaher Kleingarten
ISBN: 978-3-89566-435-9

Gesamtverzeichnis bei:
pala-verlag, Königstraße 43, 26180 Rastede, www.pala-verlag.de

Bibliografische Information der Deutschen Nationalbibliothek
Die Deutsche Nationalbibliothek verzeichnet diese Publikation
in der Deutschen Nationalbibliografie;
detaillierte bibliografische Angaben sind im Internet unter
http://dnb.d-nb.de abrufbar.

ISBN: 978-3-89566-368-0

www.pala-verlag.de
3. bearbeitete und aktualisierte Auflage 2026
pala-verlag als Imprint der ökobuch Verlag GmbH
Königstraße 43, 26180 Rastede

Bildnachweis:
Seite 60, oben rechts: Clemens Riedesser
alle anderen Fotos: Bauernhof Göhring
Umschlagfotos: Bauernhof Göhring

Illustrationen: Annegret Hoffmann

Lektorat: Angelika Eckstein

Satz und Gestaltung: Sigrun Bönold, Die Werkstatt Medien-Produktion GmbH
www.werkstatt-produktion.de

Druck und Bindung: Grafisches Centrum Cuno, Calbe
Printed in Germany

Gedruckt auf
100% Recyclingpapier